행복한 차 아름다운 예절

전통문화와의 40년 동행

티웰

저자 **혜명 정옥희(1952년~)** _ 부산 출생

시와 차의 조화를 전하는 정옥희 원장은 1980년대부터 다도 예절분야에서 두각을 나타낸 차인이다. 예지원에서의 경험을 바탕으로 한국예절교육원을 설립, 차인교육의 정립에 기여했으며 시낭송과 예절을 결합한 독창적인 강의로 주목받는다. 서울대 등 명문대에서의 강의를 통해 "진정한 교양은 예의에서 시작됨"을 전파하며 예절교육에 힘쓰고 있다.

현재_ 한국예절교육원 원장

행복한 차 아름다운 예절

전통문화와의 40년 동행

저자 정옥희

티웰

서문

시간을 견뎌낸 것들은 빛나는 얼굴이 살아난다.

시성(詩聖) 두보는 「곡강(曲江)」의 시에서 인생칠십고래희(人生七十古來稀)라고 했다.

이제 내 나이가 70이 넘었다고 생각하니 좋아하는 두보의 시 「일모(日暮)」에서 「등불아래 머리 더 희어지니 꽃다운 시절이 다시 오리오」라는 구절이 생각난다.

30대 초반 차(茶)로 시작된 나의 삶은 교육자로 시낭송가로 지내오면서 시간이 이렇게 흘렀구나 생각하니, 차와 함께 한 세월이 참으로 좋았고, 그립고 행복했고 감사하다.

국문학을 전공하고 교직생활을 그만둔 뒤, 전통문화를 배우고자 성북동 성락원 예지원을 찾았고, 그 배움은 내 삶에 큰 전환점이 되었다.

예지원에서의 시간은 전통문화를 몸과 마음으로 체득하는 과정이었다. 원로차인 청사 안광석선생과 함께 외국인을 대상으로 한 「한국인의 한평생 의상쇼」는 잊을 수 없는 체험으로 남아 있고, 이 행사를 통해 전통문화를 세계인과 공유하는 기쁨을 느꼈다. 예지원 개원 12주년 행사에서의 다도시범은 차와 예가 어우러진 또 하나의 행다예술이었다.

그후 수차례 의식다례의 팽주시범은 수행으로써의 차를 경험하는 귀한 순간이었다. 차는 몸과 마음으로 표현되는 아름다움이었고, 그렇게 나는 다듬어져 갔다. 이후 다도반 지도위원으로 임명되며 교육과 활동의 폭을 넓혀갔다.

1983년 다도를 처음 접하면서 김명배 교수의 『다도학』 강의는 우리 차문화의 깊이를 깨닫게 해주었으며, 이론과 실천을 겸비한 학문적 접근은 삶의 지침이 되었다. 또한, 1987년에는 「예지원전통문화사절단」의 일원으로 영국, 프랑스, 이탈리아, 그리스, 일본, 홍콩 등을 방문하며 한국의 전통문화를 알리는 귀한 경험을 했다.

중국을 비롯한 여러나라와의 교류를 통해 한국 전통문화의 세계화에 작은 기여를 할 수 있었다.

2007년 예지원을 떠나, 인사동에서 「한국예절교육원」을 개원하여 예절과 다도교육을 이어갔다. 개원하는 날 축사에서 강영숙 원장은 「청출어람(靑出於藍)」이라는 말씀으로 격려해 주셨다. 이 책을 통해 존경하는 강영숙원장께 감사의 마음을 올리며, 함께 했던 아름다운 시간들을 되새기고자 한다.

2012년 가을 시인이 되었다. 문학과 차생활을 아우르는 시 쓰는 작업도 병행했다.

이 책은 어언 40년 간의 차와 예절, 전통문화의 여정을 담은 기록이다. 예지원과 함께한 시간과 배움을 통해 전통문화의 가치와 중요성을 독자들이 공감할 수 있기를 진심으로 바란다.

이 책이 당신의 삶에 전통문화의 아름다움을 새롭게 발견하는 계기가 되었으면 한다.
차를 만난 것이 축복이고, 차와 함께 할 수 있는 것이 행복이다.
우리를 둘러싼 모든 것에 감사하며,
차와 함께한 나날이 축제(Festival)이다.

2025년 여름
수우당(守愚堂)에서 혜명(慧茗) 정옥희

CONTENTS

차의 향기 예의 빛
전통문화와의 40년 동행

서문 ··· 04

1부 예지원

성북동 예지원

1983년 예절교육의 전당 예지원 입문 ·················· 14
         다도부 수료기념 ································· 16
1984년 한국제다 장성차밭 견학 ·························· 18
         예지원 개원 10주년 기념 행사 ················· 20
         한국인의 한평생 의상쇼 ······················· 22
1985년 한일친선 우라센케(裏千家) 다도문화교류 ······ 26
         즐거운 우리집 ··································· 28

서교동 예지원

1986년 다도반 지도위원 임명장 수여 ·················· 29
         9월 16일 개원 12주년 기념 행사 ··············· 30
         의식다례 ··· 33
1987년 예지원 전통문화 사절단 ·························· 38
         한국인의 한평생 의상쇼 ······················· 40
         일본 나고야 송월류 회원들에게 차 대접 ······ 41
         나의 차생활 ······································ 46
         한국인의 한평생 의상쇼 ······················· 48
         생활다례 수업 ··································· 50
         청소년 예절교육 ································ 51
         다도반 수료 발표회 ····························· 52

1988년	예지가정 탐방	54
	IP총회참석 동반자	58
	일본잡지 예지원 소개	60
	보성차밭 제다 실습	62
1989년	한웅빈 선생과 차문화고전 연구회	64
	대흥사 일지암	65
	다도반 수료식	66
1990년	생각은 높게, 생활은 낮게	68
	한일문화사절단	70
	삿뽀로 시나오이 민속촌	71
	예지원 제18기 다도반 초급과정 수료기념	72
	소련 부수상「마슐로코프」여사와 함께	73
1991년	91 중국항주국제차문화절 참가	74
	다도시범 및 한국인의 한평생 의상쇼	77

장춘동 예지원

1993년	고려시대 중동팔관회의 진다의식 발표	80
	시낭송 / 시인 이형기의 낙화	82
1994년	선생님 전상서 / 조향미	84
	제22기 다도반 고급과정 수료기념 행다	86
1995년	정옥희씨의 '마음의 눈' 가꾸기	88
	멋있는 우리집 다실	94
1996년	부산여고 재경 총동창회	98
	[인터뷰] 색깔있는 꿈	100
	시낭송 / 시인 조지훈의 낙화	104

1997년	시낭송 / 시인 오세영의 겨울노래	106
	나의 애장품	108
	시인 천상병 추모 예술의 밤	110
	제27기 다도반 2급 과정 수료	112
1998년	동국대학교 대학원 석사 졸업	114
1999년	교원예절연수교육	116
2000년	예지원 제122기 규수반 수료기념	117
2001년	아름답고 귀한 모습	118
2002년	제2회 다도사범증 수여식 및 발표회	120
2003년	제3회 다도사범증 수여식 및 발표회	121
	천태종 관문사 한평생의상발표회	122
	한일문화교류협회 국민문화사절단	124
	한웅빈 선생 10주기를 맞이하여	126
	끝없었던 차 사랑	127
2004년	시낭송 / 시인 황동규의 즐거운 편지	130
	대한뉴스 창립 10주년 기념 들차회	132
	두보의 시 / 일모(日暮)	133
2006년	이 달에 만난 다인	134
	친구의 개원축하	137

2부 한국예절교육원

2007년	한국예절교육원 개원	140
	차가 있는 삶	144
	예절교육원 1기 수료증 수여	148

2008년	여유당에서	151
	제5회 다산추모봉헌 다례제	152
	유학생 여름특강	154
	서울대학교 경영대학 및 기초교육원 교육	156
2009년	한양대병원 간호사 다도 교육	158
2010년	인사예절 교육실습	159
	분당 토지공사 다도반 다도교육	160
	보성차박물관 개관식	161
	정옥희 선생 다실	162
2011년	음악이 흐르는 詩 이야기	164
	남해 하천다숙 아인 박종한 선생	166
	[야외학습] 길상사에서 「언어예절」	168
	봉은사 다도반 예절교육	169
2012년	당선소감 서울 문학 신인상	170
	제4기 예절강사과정 수료기념	171
	문화유산국민신탁 회원의 날 시낭송	172
	삶의 아름다움과 경이로움을 담는 그릇	174
	시낭송 시인 김초혜의 사랑굿	178
2013년	한국현대차인 정옥희 편	180
2015년	문화유산국민신탁 회원의 날 시낭송	182
2023년	천상병 시인 30주기 시낭속 – 다음	184

3부 사랑으로 지켜준 나의 가족

축제(festival)	193
자격증 및 상패	194
에필로그	198

1부

예지원과 함께 40년

1983년 성북동 예절교육의 전당
예지원에 입문

성북동 1983년

성락원의 정자 「송석정(松石亭)」의 아름다운 모습
성락원은 한양도성 밖 자연의 즐거움을 누린다는 뜻

1983년
사라진 선조들의 품격(品格)있는 삶의 향기를 되살리고 싶었다.

1983년 4월 26일 수료
수료기념으로 이름이 새겨진 표주박을 받다.
40여년이 지난 지금 우리집 거실에 걸려있다.

다도부 초급반 연수일정   1983. 2. 8

일 시	내 용	
'83. 2. 8	개강식 세계속의 한국여인상	원 장
2. 15	다구의 명칭, 배치밀 다루는 법	
2. 22	다도란 무엇인가? ○다도의 원리 ○다도의 특성	김명배 다도연구가
3. 1	(공 휴 일)	
3. 8	생활예절 의식차 실습	원 장
3. 15	의식차 실습	
3. 22	의식차 실습	
3. 29.	차의 식물학 한국의 다도사	김명배
4. 5	의식차 실습	
4. 12	생활차 실습	
4. 19	생활차 실습	
4. 26	다도 정신 (강의) 다도시범	원 장
	수 료 식	

수업 시간표

1984년

한국 제다 | 광주 장성 차밭 견학

1984년 5월 20일
한국제다 작설헌(雀舌軒) 다실
김명배 교수

1984년 9월 16일 예지원 개원 10주년 기념 행사

일본 松月流와 다도 교류 선물 교환식

일본 松月流 회원들과 함께
롯데호텔에서 개원 10주년 행사 리셉션(reception)

성락원 뜰에서 큰딸 홍민정(7세), 작은 딸 홍지화(5세)

한국인의 한평생 의상쇼

1984년 10월 외국인을 위한 「한국인의 한평생 의상쇼」는 한국의 전통문화를 알리는 소중한 자리였다. 전통의상으로 한국인의 일생을 표현하며, 특히 혼례의식을 비롯한 여러 의식은 우리문화의 고유한 아름다움을 고스란히 담고 있었다. 이날 행사에서 청사 안광석 선생과 함께 이 특별한 쇼를 진행하며 외국인들에게 한국인의 삶과 의례의 아름다움을 전할 수 있어 뜻깊은 체험이었다.

할아버지와 손녀
(청사 안광석 선생과 홍민정양)

노랑 저고리 다홍치마
오방장 두루마기

복건과 오방장 두루마기

새신랑과 앞치마를 한 새신부

새신랑과 새댁 인사

전통혼례의 신부와 신랑
신부는 족두리와 원삼, 신랑은 사모관대와 단령. 목화(신발)

1985년

한일친선 裏千家茶道文化交流

정옥희

송석정에서 다식 만드는 모습

| 예지원 회원들

| 일본 우라센케 회원들과 예지원 회원들

즐거운 우리집
1-2 홍민정

우리집 식구는 모두 다섯입니다. 아버지 어머니, 나, 동생 지화와 외삼촌입니다. 개인 사업을 하시는 아버지는 안경을 쓰고 매우 야위셨지만 무엇이든 잘 고치신답니다. 고장난 것, 부러진 것을 아버지가 요술방망이 같이 뚝딱 고쳐 놓으실 때마다 난 아버지의 손이 무척 신기해 보입니다. 그런데 난 아버지가 많이 잡수시고 건강해지셨으면 합니다.

우리 어머니는 항상 정리, 정돈을 잘 하십니다. 특히, 신발을 벗어서 제자리에 바로 놓도록 말씀하십니다. 그러나 나는 종종 잘 잊어 버립니다.

어머니는 녹차를 참 좋아 하십니다. 저녁을 먹고 가족이 모두 모여서 어머니가 만드신 녹차를 동생과 함께 차례대로 아버지께 공손히 갖다 드리면 아버지는 무척 즐거워 하십니다. 동생 지화는 색칠 공부하는 것을 무척 좋아합니다. 그러나 손가락을 빨기 때문에 입모양이 흉해 졌다고 어머니는 걱정을 하십니다. 대학원에 다니는 외삼촌은 공부를 참 열심히 합니다. 어머니는 외삼촌같이 열심히 공부해야 훌륭한 사람이 된다고 합니다. 아침에 일찍 일어나기는 참 어렵지만 나는 어머니 말씀대로 훌륭한 사람이 되기 위하여 아침 일찍 일어나고 열심히 공부하려고 합니다.

서교동 1986년

임명장 수여(1986. 10. 1)
다도반 지도위원

1986년 9월 16일 개원 12주년 기념 행사
의식다례 팽주 시범
ⓒ 안팽주

다례의 개념

1986년 9월 16일 개원 12주년 행사 / 의식다례 팽주역

　사람과 신불(神佛)에게 차로써 예를 행하는 Tea Ceremony다. 다실에서 차를 마실 때나 가정에서 손님에게 차를 대접할 때 또는 신불에게 차를 올릴 때에는 거기에 어울리는 예의(禮儀)가 필요하다. 이때 행하는 모든 예절을 말한다. 현대다례의 종류로는 의식다례와 생활다례가 있다.
　의식다례는 초대한 손님을 맞이하여 일정한 규범에 의하여 행하는 다례이다. 생활다례는 일상적인 차생활을 위한 다례로 차가 지닌 본성에 의하여 차를 내고 마시는 기본적인 순서를 현대의 생활양식에 조화된 일상적인 예절로써 행한다. 기본적인 다구를 갖추어 조용하고 자연스러운 분위기에서 혼자서나 혹은 가까운 사람끼리 차가 지닌 맛과 효용성을 즐기는 생활을 의미한다.

의식다례

시공자는 손님을 맞이 한다

팽주는 상보를 접는다.

차솥의 물을 떠서 숙우에 붓는다.

찻잔을 예열한다.

차 만들기
차통의 차를 다관에 넣는다. / 숙우의 물을 다관에 붓는다.

알맞게 우러난 차를 찻잔에 3번 나누어서 따른 다음, 찻잔을 다반에 놓는다.

시공자는 팽주에게 인사를 한다.

시공자는 상객부터 차를 놓는다.

다른 손님에게 차를 놓는다.

행다가 끝나고 손님들에게 인사 한다.

1987년

예지원 성락원 송석정(松石亭)

우리의 전통문화 해외에 심다.

예지원 전통문화사절단 회원들과 단장 강영숙 원장

예지원 전통문화 사절단 22명
우리는 모두 민간 외교 사절, 1987. 2. 8 – 2. 23

한평생 의상쇼-활옷과 당의

일본 송월류(松月流)의 당주(堂主) 도변경월(渡邊敬月)의 80세 축하회
나고야의 송월류는 1796년부터 예지원과 다도교류 함

송월류 전국 지부 차인들에게 차 대접
정옥희 지도위원

홍콩 한인학교
「한국의 한평생과 예절교육」

2월 10일 영국의 런던대학
한국인의 한평생 – 혼례

신부 정옥희 / 마님 엄봉섭 / 처녀 김진숙

프랑스 파리 개선문 _ 강영숙 원장과 함께

파리 에펠탑 앞에서

파리 에펠탑 아래에서 아침 체조

그리스의 파르테르 신전(공사중) 강옥성, 정옥희, 엄봉성

나의 차생활

　인생이라는 우리의 삶은 우둔하고 거세게 휘몰아치는 해원(海原)에서는 자기의 생활을 바로 잡아 주는 비결이 필요한 것이다. 이러한 비결을 나는 茶에서 찾고 얻는다. 때로는 그것이 스스로를 아름답게 가꾸고, 그 아름다움에 접근할 수 있는 자격도 얻는다고 생각된다. 물을 식히고 차를 넣어 우러나오는 동안 한숨 기다리는 여유를 길러 다심(茶心)을 일깨워 주니 그 또한 얼마나 즐거운가! 그래서 차의 성인 초의선사는 혼자 마시는 경지를 신(神)이라고 했다. 그리고, 이러한 즐거움을 같이 하는 벗이 있다면 더 더욱 반가운 일이 아니겠는가! 이 즐거움을 같이 하는 友人들이 더욱 더 많아졌으면 하기도 한다. 나는 녹차에서 우리 민족의 특성인 은근과 끈기를 느낀다. 찻잔에 은근히 담겨지는 은은한 香과 옅은 황금色…. 자극적인 커피향에 비교될 수 있을까?
　초등학교에 다니는 두 딸들은 어쩌다 아빠가 커피를 마실 경우 「우리차를 마셔야 우리나라가 부자가 된다」면서 아빠한테 우리차를 권한다.

우리 것에 대한 인식을 하는 것 같아 매우 반가운 마음이다. 어릴 때부터 이러한 의식이 싹튼다면 밝은 사회, 부강한 국가를 기대할 수 있지 않을까 싶다. 세월이 흐를수록 녹차의 맑은 빛깔은 거칠어지고 성급한 마음을 순화시켜 주는 것 같다. 짙고 탁한 커피색을 보면 왠지 매연으로 찌들린 현대인을 보는 것 같아 갑갑하다.

녹차는 행다(行茶)하는 사람에 의해서 차맛이 생긴다고 한다면 맛보다는 향을 택하고, 향보다는 담백함을 즐길 줄을 알아야만이 좋은 차맛을 느낄 수 있을 것이다. 그래서 녹차는 일상음료의 차원을 넘는 우리의 정신이며, 문화로서의 의미를 갖는다고 본다. 순간을 통해서 영원한 맛을 보기도 하고, 차에 어우러져 취하면 어느덧 자신이 우주에 가득참을 느끼기도 한다.

그윽하게 풍겨나오는 녹차의 향기처럼 항상 은은한 향기를 마음씀의 매듭매듭에 괴이게 하며 살아가는 아름다운 여성이 되고자 오늘도 다구(茶具)를 만지는 즐거움과 함께 차를 마신다.

1987. 9
「예지가족란」

「한국인의 한평생 의상쇼」
화관과 활옷 / 서교동 예절실

서교동 미 8군 문화행사
「한국인의 한평생」 출연진

| 생활다례 수업

여름

겨울

청소년 예절교육

여름

겨울

팽주1: 이덕희 / 팽주2: 김덕순

다도반 수료 발표회
의식다례

1987년 12월
제11기 다도 고급반 수료 발표회

1988년

예지원 창립 14주년
예지가정탐방 / 정옥희씨 댁

茶香 그윽한 가정

들어선 가정의 분위기 속에서 이 댁은 차를 즐기는 댁이라는 것을 금방 알게 한다.

은은한 향기를 내는 茶香에다 또 눈에 띄이는 "다로(茶爐)"라고 새긴 전각, 어쩐지 마음 흐뭇함을 느낀다. 역시 예지원의 차인답게 그리고 지도위원답게 단정하게 정리정돈된 다석에는 아직 초등학교에 다닌다는 예쁜 딸이 팽주의 자세로 준비를 하고 있었다.

"늦은 방문을 양해 하세요"

(정) - 아니에요, 애 아빠가 잠시후면 퇴근하니까 잘 됐어요.

"그러니까 정옥희씨가 예지원과 인연을 맺은지도 어느듯 5년이나 됐나봐요. 그동안 많은 후진들에게 차문화의 이론과 실습(實習) 등 정성을

쏟으셨지요 모두 잊지 않고 있어요"

(정) - 저도 있는 정성 다했어요. 그런데 차는 덕을 담는 뜻이라고 했는데 정말 해가 갈수록 더 어렵고 더 노력하고 공부해야 된다는 것 그리고 더 수련을 쌓아야 된다는 것을 매일 느끼고 있어요.

"정옥희씨는 밖에서도 분명한 시간생활이지만 가정에서는 사업을 하시는 남편, 어린 딸 등의 보살핌에도 그렇게 빈틈이 없다면서요"

(정) -별로요… 역시 남편의 협조가 크지요. 때로는 불편할 때도 있겠으나 이야기로 보다 茶 한 잔에서 풀어지니까요. 그저 건강 조심하라고 할 때는 송구스럽기도 하고 감사하기도 하답니다.

(이때 초인종 소리나며 마침 남편되시는 분(홍종구 사장)께서 귀가하셨다.

어린 딸들이 천진하게 쫓아 나와 아빠의 손을 잡아 내쪽을 가르킨다.)

(홍) - 어서 오세요 오래 기다리셨나보군요.

"아니에요, 오래 못 봤지요 아이들도 그동안 많이 자라 이제 의젓한 팽주 역할도 잘 하겠습니다."

(홍) - 모전여전이랄까. 저희 엄마 닮아가요.

"엄마 닮으면 틀림없지요, 요새 회사는 일이 잘 되신다지요."

(홍) - 네, 그저 탈없이 지내고 있습니다.

"저기에 있는 다로(茶爐) 전각은 오래됐나 봐요?"

-네 그것은 시아버님께서 주신건데 한참 쳐다 보면 마음이 차의 향기 속에 생기를 되찾아지는 듯 싶어요. 이렇게 어른들께서나 낭군님께서나 아니 어린이까지 차를 이해하고 또 즐기시니 정말 마음 든든합니다."

(이때 어린 딸들이 차를 나른다. 어쩌면 그렇게도 예지원의 다실 분위기와 같을까. 다식에 차 한 잔은 정말 표현하기 어렵도록 분위기를 포근하게 해준다. 밖에서의 피로를 이런 분위기에서 푼다면 마음의 활기를 두 말 할 필요가 없으리라.)

(정) - 저나 어른들께서나 우리가 이 시대에 지키고 이어 가야 할 것이 우리 것 보존 우리 것을 이어 가리라고 마음먹고 있어요.

(홍) - 있는 힘을 다해 하는 애엄마를 보면 정말 우리 것이 귀중한 것을 더 알게 된답니다. 손님이 오셔도 우리 차로 아예 정해 있으니까요. 우리 남자들은 어떻게 보면 답답할 때도 있지만은…

"퇴근에 피로하시겠습니다. 항상 저희 예지원을 성원해주시는 어른님께 감사 드리고 있답니다.

　이번 예지가정으로 선정되신 것을 협조 해주셔서 감사합니다. 그럼 이만…"

　단란한 저녁시간이 방해가 되는 듯도 싶어 자리를 떴다. 항상 미소속에 다소곳한 태도의 전송을 받으며 현관을 나섰다.

예지원 창립 14주년 / 예지 제6호

1988년

차문화 소개 / IPU총회참석 동반자
팽주: 정옥희 / 시공자:정영순

의식다례 시범

팽주: 정옥희 지도위원. 시공자: 정영순 회원

손님: 오태환 교육문화실장   손님: 권영석 회원

礼節教育の時間。(1)まず手を軽く前に組む正しい立ち姿を習い、(2)正しいあいさつのしかたを習う。あいさつは相見礼という軽く頭を下げるあいさつと 目上の人に対しておこなう深いおじぎとがある。(3)クンヂェルという礼。両手の指先を重ねて目の高さまで上げ そのままヒザを折って ひたいを床にこすりつけるようにする。(4)坐り方の講習。胸で結んでいるチョゴリのひもが右うしろに軽く流れているように気をつけ 立てた右ひざに手をのせる。

규수반 예절교육 소개

(1) 우선 손을 가볍게 앞에서 맞잡고 바르게 서는 모습을 배운다.

(2) 올바른 인사의 방법을 배운다. 인사는 가볍게 머리를 숙이는 인사와 윗사람에 대해 행하는 깊은 인사가 있다.

(3) 큰절
양손의 손가락 끝을 포개어 눈높이까지 올린 채 그대로 무릎을 구부려서 이마를 닿도록 한다.

(4) 앉는 방법
저고리의 고름이 오른쪽 뒤쪽으로 흐르고 있는 것처럼 한 다음, 세운 오른쪽 무릎에 두 손을 놓는다.

| 일본 잡지 예지원 소개

사원 전통차회 석정원 선혜스님 / 보성 차밭 견학 및 제다 실습

해인총림 다도예술제 예지원 참석
합천 해인사 석 선혜 스님과 예지원 회원

1989년

정산(晶汕) 한웅빈(韓雄斌)선생과 차문화고전연구회 회원들
1989. 7. 10 육우의 『다경』 종강일에

정옥희, 오명희, 고명석, 나웅인, 박희준, 김용자, 한영순 회원
선혜스님, 정산 한웅빈선생, 여연스님, 고세연선생

대흥사 일지암

용운스님. 정옥희. 김형석 선생

왼쪽 두번 째부터 설옥자선생, 정옥희, 이순희선생

| 1989년 다도반 수료식
김명배 교수와 강영숙 원장

　1984년 한국의 집 「다도」강좌에서 김명배 교수, 용운스님, 고명석 선생을 만나 다도 이론에 대한 깊은 공부를 더욱 정진하게 되었다. 수료증을 받고 난 뒤 고명석 선생에게 「동다송」이론 공부를 하게 되어 우리차의 아름다움을 새삼 인식하는 계기가 되었다.

1989년 9월 서교동 다실에서 일본 차인들에게 다도시범을 하며 차를 대접하다.
팽주: 정옥희 지도위원 / 시공자: 정영순 회원

1990년 10월 1일
어머니 선생님 - 정옥희

생각은 높게, 생활은 낮게

요즘 우리 사회에는 "식구는 있으나 가족은 없다"는 말이 있다. 올 여름 신문 사회면에 여러차례 보도되었던 청소년의 비행을 보면서, 심각한 우리가정의 부재를 크게 느끼게 한다.

가정이 없는 가정교육이 어떻게 이루어 질 수 있겠는가! 가족처럼 고마운 사람이 없고, 가정의 화목처럼 좋은 것이 없다. 가정이 즐거운 곳으로서 삶의 원형이 되기 위해서는 가족의 역할이 매우 중요하다고 한다. 유태인 부모들은 자녀들에게 "세계는 어디서부터 시작하는가?"라고 묻는다. 그리고 그들은 "모든 문제는 인간으로부터 출범하고 있으며, 오직 자신의 힘으로써 자신의 주위의 세계를 변화시킬 수 있어야 한다. 그런데 우선 자신을 둘러 싸고 있는 세계속에서 가장 중요한 것은 가정이다."라고 가르친다. 그래서 가족관계가 아주 원만한 사람은 불행한 일이 적을 것으로 보고 있다. 가정은 바로 인격형성의 온상으로 바른 습관을 몸에 익히고, 안정된 성격을 형성하여 한 사회인으로서 제대로 기능을 다 할 수 있는 책임감과 자립심을 습득하고 원만한 대인 관계에 필요한 태도를 배우는 것이다. 그래서 어릴 때의 올바른 가정은 인간의 장래를 결정한다고 교육전문가들은 말하고 있다. 삶에 필요한 가장 기초적인 능력은 정작 가정교육에 의해서 개발되기 때문이다. 그러므로 지혜를 배울 수 있도록 교육하는 것이다. 지식은 학교에서 또는 책에서 배울 수 있지만, 지혜의 '어떻게'는 무더기의 지식을 습득하기 이전에 길러져야 할 기초능력이다. 기초없이 쌓아 올린 집은 쉽게 무너지기 마련이다. 그렇게 무너져 내리는 청소년들의 모습을 여러 곳에서 우리는 보고 있다.

　여자아이 두명을 키우고 있는 가정에서 부모되기는 쉬우나, 부모노릇 하기는 어렵다는 말을 아이들이 성장할수록 더욱 절실히 느끼면서 생활하는 그 자체가 교육장이라는 생각으로 교육하고 있다. "모든 곳이 나의 학교이며, 모든 사람이 나의 스승이다."라고 생각은 높게하고 생활은 낮게하는 도덕적 가치관을 가진 인간상을, 언행이 일치하는 예절바른 인간상이 형성되는 것은 끈질긴 가정교육에 의해서만이 가능해진다는 것을 우리 부모들은 명심해야 될 것 같다.

〈국민일보〉

한일 문화사절단

도령과 장옷(외출시)을 쓴 규수의 모습

삿뽀로 시나오이 민속촌

예지원 제18기 다도반 초급과정 수료기념 1990. 6. 7
1년 과정의 담임을 맡다.

1991년 1월 소련 부수상 「마슐로코프」여사와 함께

1991년

91' 중국항주국제차문화절 참가 예지문화 사절단

시행목적
우리 전통문화의 이해와 우수한 문화민족으로서의 긍지를 가지고 차문화 발전에 기여코저함은 물론 국제간의 차문화교류 발전 및 친선을 도모하기 위함

기본 방향
차문화의 역사적인 배경을 바탕으로 차박물관, 차문화 전시회, 다구, 풍속, 각종 음차습관 등을 참관 시찰하고 한국의 행다법을 소개함을 주목적으로 중국의 명소탐방.

단원구성
차문화에 뜻을 가진 본원의 이사 평생회 임원, 다도분과위원 및 회원으로서 한국여성을 대표하고 용모 단정한 자

중국 절강성 항주 서호에서 예지문화 사절단

영예증서

다도예술표현가

정옥희선생

선생의 정교한 다예공연은 제 1 회 중국항주국제차문화절에 심오한 아름다움을 선사하였기에 깊은 감사를 표하며 이에 특별히 증서를 수여합니다.

중화인민공화국국가여행국 절강성인민정부
91년중국항주국제차문화절조직위원회
1991년 4월 24일

1991년 중국 항주 국제 차문화절 참가 예지문화 사절단
1991. 4. 22 – 5. 1

행사 내용을 직접 붓글씨로 쓰고 있는 강영숙 원장

다도시범 및 한국인의 한평생 의상쇼 – 전통혼례에 출연한 예지원 회원들

한평생 의상쇼. 강영숙 원장과 함께
화관과 활옷 / 당의 / 평상복

천하갑산수(天下甲山水) 계림

계림의 아름다운 산봉우리
이강 유람 선상

장충동 1993년

고려시대 중등팔관회의 진다의식 발표

태자 정옥희 / 서울 교육문화회관
1993. 10. 12-17 제4회 국제무아차회

왕_ 강영숙 원장

중동 팔관회 진다의식 출연진

송년 詩會 _ 이형기의 시 「낙화」 낭송

화갑을 맞이한 이형기 시인 / 한국일보 송현클럽(93.12.27)

낙화

이형기(1933~2005)

가야할 때가 언제인가를
분명히 알고 가는 이의
뒷모습은 얼마나 아름다운가

봄 한 철
격정을 인내한
나의 사랑은 지고 있다.

분분한 낙화
결별이 이룩하는 축복에 싸여

지금은 가야할 때

무성한 녹음과 그리고
머지않아 열매를 맺는
가을을 향하여
나의 청춘은 꽃답게 죽는다.

헤어지자.
섬세한 손길을 흔들며
하롱하롱 꽃잎이 지는 어느 날

나의 사랑.
나의 결별.
샘터에 물 고이듯 성숙하는
내 영혼의 슬픈 눈.

1994년

교육소감

선생님 전상서 / 조항미

선생님 안녕하셨습니까?

저는 선생님께 교육을 받은 국세청산하 북인천 세무서에 근무하는 33세 조항미입니다. 그 곱고 우아한 모습으로 신선한 충격과 커다란 감동을 저희들에게 안겨주셨던 선생님께 늘 감사한 마음으로 하루하루를 지내고 있습니다. 어제는 봄빛이 어찌나 따가운지 외출하기 어려울 정도의 날씨이더니 오늘은 마치 메말랐던 우리들의 가슴속에 선생님께서 촉촉하게 적셔 주셨듯이 보슬비가 보슬보슬 온 대지를 촉촉하게 적시고 있습니다. 선생님을 뵈온 지도 벌써 20여일 아직까지 선생님의 좋은 말씀과 우아하신 모습이 제 가슴속에 생생하게 자릴 잡고 있습니다만 잘해 나가야되겠다는 생각만큼이나 행동이 잘 따라주질 않고 있습니다. 일이 힘들고 짜증날 때마다 곱게 미소지으시는 선생님의 고운 모습을 떠올리며 제 자신의 무지함을 깨닫고 한답니다.

선생님! 하지만 어느 순간에서부터 제 자신의 무지를 이대로 느끼고만 있어서는 안될 것이라는 깨달음이 저를 가슴 떨리게 했습니다.

이제 선생님의 말씀을 제 가슴속에 고이 간직하고 하나하나 고쳐나갈 것입니다. 불과 몇시간의 선생님과의 인연을 결코 헛된 시간만으로 남게 하진 않을 겁니다. 또한 선생님의 제자로서 결코 손색이 없는 제자가 되도록 혼신을 다해 열심히 살겠습니다.

공직에 발을 들여놓은지 불과 13년 밖에 되지 않았지만 이렇게 많은 감동으로 긴 시간 아니 앞으로도 영원히 남을 교육은 없을 것입니다.

이런 기회가 제게 주어진 것에 대하여 감사하는 마음을 잊지 않겠습니다. 앞으로 선생님의 말씀을 교훈삼아 더욱더 열심히 노력하겠습니다. 암울하고 견디기 힘든 고통이 있을 때 선생님의 말씀은 늘 제게 힘이 될 것이라 믿습니다.

달라진 모습으로 거듭나겠습니다.

저의 아이도 이제 4학년입니다. 사내 녀석인데 저보고 교육다녀온 후 엄마가 많이 달라졌다고 좋아합니다. 전엔 피곤한 몸을 이끌고 저녁에 집에 가면 녀석하고 대화도 하려하질 않았지만 교육을 받은 후부터는 늘 곁에 엄마가 있다는 안정감을 심어주려고 많은 대화와 공부도 함께 하곤 한답니다. 모두가 선생님 덕분이었습니다. 다시 한번 감사드리며 종종 서신 올리겠습니다. 늘 건강하시고 우아하고 아름다우신 그 모습 그대로 유지하시길 빌고 또 빌겠습니다.

안녕히 계십시오.

1994. 5. 3 / 조항미 배상

제22기 다도반 고급과정 수료기념 행다 / 말차 생활다례

제22기 다도반 2급과정 수료

동다송 강의

1995년

정옥희씨의 '마음의 눈' 가꾸기

황병기의 가야금 산조가 귀를 울리고, 그윽한 다향이 마음 깊은 곳까지 퍼져드는 아파트의 거실, '다로(茶爐)'라 적힌 벽면의 전각이 전혀 무색치 않을 만큼 고즈넉한 다실이다. 다로의 한 켠에 찻상을 앞에 두고 찻물을 다관에 붓는 중년 부인의 흐트러짐 없는 손놀림에서 숙연함마저 감돌며, 정돈된 공간과 어우러져서 또 하나의 고요를 이룬다.

열세해째 차와 함께 생활해 온 정옥희(44세)씨는 자신과 차와의 인연은 마치 운명처럼 보이지 않는 이끌림이 있었다고 한다. 예지원의 다도강습 광고가 눈에 띄는 것인 아닌가 순간 바로 예지원으로 달려갔다.

주 1회, 3개월동안 한 번도 거르지 않고 다도의 초급과정을 배워나갔다. 지금은 서울 장충동으로 이사했지만 '83년 그 당시에 예지원은 의친왕의 별장이 있던 성북동 깊은 골짜기에 있어 그곳까지 찾아다녔다. 다도반 연구과정에 임하게 되었고, 뒤이어 지도자 과정까지 이수하게 되었다.

정옥희씨는 한 해 한 해 다도를 접하면서 차에 대한 오묘한 매력에 빠져들었고, 그이의 관심은 차에 국한된 공부만이 아닌 차와 연관된 우리 문화에 대한 호기심으로 이어졌다. 폭 넓고도 다양하게 공부를 해 왔으면서도 평생해도 모자랄 공부인 만큼 다도에 입문한 지 십여년이 지난 이즈음에도 겨우 발목쯤에나 젖었을까 싶다고 한다.

다도강의는 한 주에 네다섯 차례의 강의가 있다. 이즈음에는 예지원에서 행하는 다도와 예절교육 이외에도 외부 초청강연의 연사로도 초빙된다.

강의가 있는 전날 저녁에는 수업준비와 함께 자신의 한복을 곱게 다림질해 벽에 걸어 두고 학교에 갓 입학한 신입생마냥 뿌듯한 마음에 젖기도 한다. 행여 집안일로 바빠 몸이 피곤해져 한복을 손질해 두지 못하고 잠들었을 땐 풋새벽에 일어나 손질해 둘 정도이다. 그이의 남편을 비롯해 두 딸마저도 벽걸이에 걸어 둔 한복으로 그이의 외출을 감지하는 표식으로 삼은 지 오래다.

　다소곳해 보이는 그이의 외양과는 달리 일단 강의에 임하게 되면 입가에 미소가 절로 드리워지고 달변이 되어 수강자들의 마음 속에 진한 감동을 불러일으킨다. 열과 성을 다한 그이의 강의를 들은 이들 가운데는 편지에 감사의 마음을 곱게 적어 보내는 이들도 상당수 있다. 하마터면 사장되어 버렸을지도 모를 가르침의 직분이 그이의 천직이었나 보다.
　그러나 가르치는 기쁨 못지 않게 배움의 기쁨은 더욱 큰 것인지 그이는 배움의 고삐를 늦추지 않는다. 집안일과 강의로 바쁜 이즈음에도 궁중문화연구원에서 주관하는 전통 예절 강의를 들으러 다니고, 우리 차와 문화에 대한 책읽기도 매일 저녁 행하는 중요한 일과이다. 책을 읽는 도중 좋은 글귀들을 대하면 혼자만 간직하기 아까워 공책에 따로 정리하여 수업 시간의 명상 자료로 이용하기도 한다.

남편과 두 딸을 '다로(茶爐)' 앞으로 모이게 하여 한 잔의 차와 함께 담소로 오롯한 시간을 갖는다. 차생활에 익숙해진 이들 가족에게 무척이나 소중한 시간이다. 식구들만의 차시간이라 하여 차를 준비하는 과정을 간략하게 하거나 하는 법이 없다. 늘상 해오던 대로 격식을 차려 차를 마신다. 인스턴트 음료에 친숙해진 사람들의 눈에는 차 한 잔을 마시기 위해 들이는 노고를 보며 번거롭고 피곤한 일쯤으로 여길지 모르나, 이들 가족에게는 그저 자연스러운 행위일 뿐이다. 어떤 일이든 습관 들이기 나름이고 '바쁠수록 돌아가라'고 하는 옛말이 있듯이, 여유는 만들기 나름이다. 이렇게 항상 먹는 녹차 때문인지 네 식구 모두 수년째 잔병치레 없이 건강을 지키며 살고 있다.

그이의 감춰진 재주 한가지를 더 밝히자면, 그이는 시낭송가이기도 하다. '92년도에 〈소년한국일보〉에서 주최한 어머니의 시낭송 대회에서 당당히 금상을 받

은 것이다. 문학도로 한 때 시인이 꿈이기도 했던 그이로선 자신의 꿈을 유사하게 이룬 셈이기도 하다. 지난 해에 서울 정도 6백년을 기념하는 시낭송회와 지용제 등에도 초대되어 충분한 감성과 낭랑한 목소리로 시를 읊기도 했다. 평소에는 조지훈의 '낙화' 등 그이의 애송시 몇 편을 외워 둘 정도로 그이의 시 사랑 역시 각별하다.

차에서 시작해 시(詩)까지 곁들이며 사는 정옥희씨의 삶이 자칫 사치스럽게 보일지도 모른다. 그러나 겉으로 드러난 화려함만이 아닌, 그 속에 담긴 정신을 배우며 마음의 눈을 키워가는 행로를 살펴야 할 것 같다. 도(道)란 어차피 스스로 깨쳐가는 경지이며, 예(禮)란 어느 정도의 생활이 해결된 연후에나 찾을 수 있는 것이기에, 〈순자〉 '수신편'에 '막신일호(莫神一好: 한 가지 일에 미칠 수 있다는 것은 얼마나 신명나고 즐거운 일인가)'란 글귀가 있다. 무언가에 푹 빠져본 사람만이 그 신명의 의미를 공감할 수 있으리라. 정옥희씨의 신명에 동참하여 우리차의 은은한 향기를 맡아 보면 어떨까.

글 · 김여경 사진 · 이춘
1995년 「계몽문화」 1.2월호

1부 _예지원과 함께 · 93

멋있는 우리집 다실
예지원 강사 정옥희씨 집의 다실

　평범한 한 가정주부가 만든 다실 그곳에서 차 마시기와 생활하기란 편안한 휴식과도 같다. 마흔네살의 나이로 시를 읽으며 사는 그녀, 그이의 다실에 앉아 이런저런 자랑거리들을 들어 본다.
　예지원의 정옥희씨가 사는 집은 잠원동의 한 아파트다. 아파트가 아무리 실용성과 기능성을 위주로 한 주택의 형태라도 하더라도 우리네들의 그 정겨운 한옥만은 못하리라.
　마흔네 살의 나이로 자신의 영역을 이루어가고 있는 예지원의 강사 정옥희씨. 그녀는 평범한 한 가정의 주부이다. 여느 주부가 그렇듯 남편의 공간, 아이들의 자기방 모두가 다들 자신들만을 위한 공간이 있어도 주부 자신을 위한 공간은 없다. 그런 중년의 주부들에게 우울증이 찾기 마련인데 정옥희씨는 그런 나이에서 오는 아픔을 잘 이겨낸 주부이다.

　이 집은 현관을 들어서면 오른쪽으로 아이들 공부방이 있고, 바로 방 옆으로 거실이 있다. 부엌과 거실은 대체로 구별되어 있지 않으나 이 집은 부엌이 작은 방과 연결되어 있다. 거실의 한쪽 벽면으로는 긴 원목으로 만들어진 장식장이 벽 위쪽으로 붙혀져 있고 그곳엔 아인 박종한 선생의 도자기들과 시어머니가 주셨다는 도자기, 그리고 다완들이 있다. 분청의 큰 접시와 다완은 세트이다.

　이 집에서 좀 특색이 있는 물건으로는 직접 조립을 해서 만든 음향시

설과 한쪽 벽 귀퉁이를 죽이지 않고 살려 만든 다실이다. 나무 진열장을 놓고 맨 위칸은 중국다기세트, 다음 칸은 일본 다기세트 아래 단부터는 우리나라 다기들을 모아 놓았고, 작지 않은 함으로 자칫하면 지저분해 질 수 있는 진열장 밑을 말끔하게 보이도록 만들었다. 그 함속엔 일인용 다기들이 중국, 일본 우리 것 할 것 없이 다 들어 있다. 진열장을 옆으로 긴 찻상을 두고는 언제든지 차를 마실 수 있도록 다기들을 준비해 두었다. 정옥희씨는 혼자 차를 마실 때는 찻상과 다기들도 모두 일인용으로 사용하는데 그 일인 찻상은 뚜껑을 열 수 있어 그 속엔 다포며 다식 접시 등을 넣어두고 사용하고 있다.

열세해 째 차와의 인연을 맺은 그녀는 결혼을 하면서 중학교 교사직을 그만두고 전업 주부로 있다가 신문광고에 난 예지원의 다도 강습 광고를 보고 그 길로 달려가 다도공부를 시작하였다고 한다. 3개월 동안 단 한번도 게으름을 피우지 않고 의친왕의 별장이었던 성북동 깊은 골짜기까지 찾아 다니며 배움의 고삐를 늦추지 않았다. 그러나 자신이 그렇게 열심을 낸 결과에 아랑곳 없이 건강으로 그 바람에 1년이라는 기간을 쉬게 되었는데, 그 기간은 나름대로 많은 것을 깨닫게 해준 시기라고 한다.

정옥희씨는 무엇보다도 차에 대한 열의가 대단한 사람인데 그것은 그이가 건강을 찾으려고 노력도 했지만 차를 좋아하고 늘 차를 마시니 몸이 다시 건강해 질 수 있었다고 믿는 것을 보면 알 수 있다.

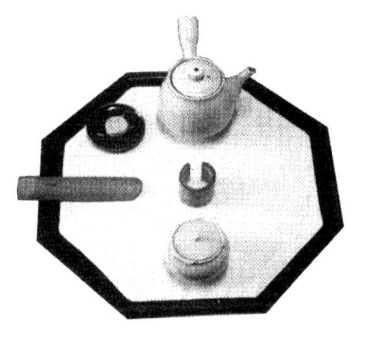
그이의 감춰진 재주는 다실에만 있는 것이 아니다. 그이는 여러 곳에서 상을 받은 적도 있는 시낭송가이다. 92년도엔 〈소년한국일보〉에서 주최한 어머니 시낭송대회에서 금상을 받았고, 지난해엔 서울 정도 600년을 기념하는 시낭송회와 지용제에 참가해 애송시들을 낭송하기도 했다. 국문학을 졸업한 햇수도 꽤나 오래 되었지만, 그때나 지금이나 감성의 변함없음은 그이가 차를 알고 있어서 아닐까. 그이는 이렇게 말한다. 이 다실에서의 한 잔의 차는 어떤 시간보다 즐겁다고, 그러기에 일로 피곤해져 들어온 남편과 아이들에게 편안한 공간을 따로 준비할 것 없이 늘상 이곳을 생각하면 편안해진다고 한다.

마흔네 살의 젊지 않은 나이로 삶의 기쁨을 찾은 한 여인. 그를 설명하는 수식어들이 아내로 어머니로만 불리워진 것은 이미 오래전의 일이다. 항상 자신의 이름을 찾아가려는 과정에서 이미 그녀는 자신의 이름 「정옥희」라는 이름 석자를 되찾은 것이다. 그리고 그 이름으로 삶에 굵은 획을 긋는 일을 하고 있는데 그것이 바로 우리차와 우리 전통문화 예절을 공부하는 것이다.

1995. 2월호 「다담」지

1996년

> 부산여고 재경 총동창회 1부 사회

　14년간 재경 동창회 총회의 1부 사회를 맡아 원활한 진행을 위한 아낌없는 봉사를 통해 모교 사랑과 동창회 발전에 기여하고 많은 동창생들에게 모범을 보였기에 감사하는 마음을 담아 이 패를 드립니다.

2011년 10월 20일
부산여고 재경동창회
회장 조무아

부산여고 재경 동창회 동문
예지원 일일입교 전통예절교육

인터뷰

색깔있는 꿈

정옥희 (22회/예지원 수석전임지도위원)

예지원의 수석전임지도위원이며 서울대, 한양대에서 전통예절을 가르치는 22회 정옥희선배님 댁을 방문한 시각은 오후 2시를 조금 지나서였다. 집에 들어서니 국화향과 어우러진 은은한 차향이 마음을 사로잡는다. "다로(茶爐)"라는 전각이 벽면에 걸려있는 다실에는 맛있는 차 한 잔을 마려해놓으신 정성에 감동하며 이야기를 나누기 시작했다.

질문 : 선배님 우선 꿈이 주제이니 학창시절 꿈은 무엇이었어요?

답변 : 좋은 음악 틀어놓고 세상이야기를 조근조근 들려주는 음악 담당 아나운서나 성우가 되고 싶었지요. 그래서 고2때는 친구랑 무턱대고 방송국을 찾아 가기도 했어요.

질문 : 꽤, 용감하셨네요. 목소리가 너무 좋으신데 혹시 목소리 때문에 그런 꿈을 꾸신 건가요?

답변 : 아니에요. 내가 목소리가 좋다는 것은 대학 때 방송반 선배로부터 듣고 알게 되었어요. 사투리 때문에 프로듀스로 방송반에 들어갔는데 목소리가 좋다고 나중에는 아나운서를 하게 되었어요.

그럼 대학 때 고등학교의 꿈은 절반을 이루셨네요. 지금은 예지원, 각 대학, 기업, 단체 등에서 유명한 예절 강사로 이름이 자자하시던데요. 꿈은 언제 바뀌셨나요.

국문과를 졸업하고 부산에서 교편을 잡다가 남편의 직장을 따라 서울로 옮겨왔어요. 그때가 79년이었고, 83년 예지원에서 다도 공부를 시작하게 되었습니다. 그 당시는 그것이 나의 생애에 커다란 획을 그으리라고는 생각하지 못했는데 지나고 보니 아주 갈 길이 정해져 있었던 것처럼 나에게 안성맞춤인 공부였습니다.

질문 : 다도 공부가 어떠셨는데요?

답변 : 어릴 때부터 친정어머니께서 아주 엄하셔서 예의에 어긋난 행동을 하면 무서운 꾸지람을 내리셨어요. 그래서 예절바른 생활을 하면 마음이 편안해졌고 나는 그것이 좋았어요. 싫었다면 정말 하기 힘든 것이 예절에 관한 공부일 겁니다. 다도를 배우면서 차에 관한 것은 물론이고 예절을 익히면서 너무 즐겁고 재미있었습니다. 그러다보니 어느

새 예지원의 강사를 하게 되었고 그것을 가르치는 것이 나의 즐거움이고 보람이 되었습니다.

질문 : 가르치는 것도 재능이 있어야 하는데 선생님은 어떠셨어요?

답변 : 아마 나에게 그 재능은 주어졌나봐요. 주위에 참 박학하시고 글도 잘 쓰시는데 말씀을 잘 못하시는 분들도 있잖아요. 저는 강의 생각만 하면 없던 힘도 생기고 몸이 아무리 피곤해도 준비를 해 놓지 않으면 잠이 오지 않아요. 그리고 강의를 시작하면 녹차를 마신 것마냥 마음이 잔잔해지고 맑아지거든요. 그래서 학생들에게 나의 참마음이 잘 전달되나 봐요. 예절은 무엇보다도 사람사이의 마음의 교감이거든요.

대학이나 기업체 단체에서 전통예절에 대한 강의를 많이 하신 거로 알고 있는데 어느 때 가장 보람이 있으셨어요.

학교 선생님들의 연수교육과 국세청 등의 공무원 연수교육 등에서 생각보다 우리 전통 예절을 많이 모르고 계셨던 분들이 우리 전통문화를 새롭게 인식하시고 연세 드신 분들이 정성껏 절을 연습실 때 정말 가슴이 뭉클해져요.

그리고, 1996년도에 재경동창회 선후배님들에게 전통예절 교육을 강의 한 적이 있습니다. 예절 바른 자세가 저절로 되는 부산여고 졸업생들이어서 화기애애한 가운데 할 수 있었던 교육이었습니다. 매우 보람 있었고, 선후배님들 앞이라 다른 교육 때보다 조금 떨리기도 했습니다.

질문 : 지금하시는 일에 만족을 하십니까? 앞으로 새로운 꿈을 계획하시고 있으신가요?

답변 : 20여년간 너무 열심히 달려온 탓인지 요즘은 가끔 힘들기도 합니다. 하지만 이 일을 사랑하고 선택한 것에 만족합니다. 가끔 시낭송을 하면서 학창시절의 꿈 한 자락을 잡고 있지만 20년전에 이 꿈을 만난 것을 행운이라 생각합니다.

하지만 꿈은 그것이 나의 곁에 다가왔을 때 사랑하고 물을 주고 기를 때 나의 곁에서 진실로 함께 하는 것이라 생각합니다. 앞으로 나의 이 꿈을 더 키우기 위해 노력할 것입니다.

곡우차 한 봉을 싸 주시는 선배님의 다실을 뒤로 하며 다도로 시작해서 전통예절로 우리나라 최고의 명강의를 하시는 정옥희 선배님의 꿈은 참 아름답고 곱다는 느낌이 들다가도 정말 단단하다는 느낌도 든다. 우리 문화에 대해 20여 년을 넘게 공부를 하시고도 겨우 발목쯤을 적실 정도라고 애기하시는 욕심 많으신 정옥희 선배님의 꿈이 모두 이루어질 수 있도록 건강이 함께 하시길 빌어본다.

2005년 10월_ 글 / 정귀옥(28회)
부산여고 재경회보 제3회

| 시와 음악의 향연 - 詩 낭송의 밤

서울 아카데미 심포니 오케스트라 / 장일남(음악감독)
조지훈의 시 「낙화」 낭송 / 서초구민회관 1996. 11. 22

낙화(落花)
조지훈(趙芝薰, 1920~1968)

꽃이 지기로서니
바람을 탓하랴.

주렴 밖에 성긴 별이
하나 둘 스러지고

귀촉도 울음 뒤에
머언 산이 다가서다.

촛불을 꺼야 하리
꽃이 지는데

꽃 지는 그림자
뜰에 어리어

하이얀 미닫이가
우련 붉어라.

묻혀서 사는 이의
고운 마음을

아는 이 있을까
저허하노니

꽃이 지는 아침은
울고 싶어아.

1997년

가을의 詩 가을의 音樂

오세영의 시 「겨울노래」 낭송 시인 오세영 / 민용태. 김소엽 시인
여의도 쌍용 303홀(1997. 11. 3)

겨울 노래
오세영(1942~　)

산자락 덮고 잔들
산이겠느냐.

산그늘 지고 산들
산이겠느냐.

산이 산인들
또 어쩌겠느냐.

아침마다 우짖던 산까치도
간 데 없고
저녁마다 문살 긁던 다람쥐도
온 데 없다.

길 끝나 산에 들어섰기로
그들은 또 어디 갔단 말이냐.

어제는 온종일 진눈깨비 뿌리더니
오늘은 하루 종일 내리는 폭설.

빈 하늘 빈 가지엔
홍시 하나 떨 뿐이데
어제는 온종일 난을 치고
오늘은 하루 종일 물소리 들었다.

산이 산인들 또
어쩌겠느냐.

나의 애장품 『다로(茶爐)』

예지원 전임지도위원 /정옥희

석불 정기호 作

    고도의 물질 문명속에서 인간성을 상실해 가는 현대인에게 멋과 정취를 찾아 주는 차(茶)와의 세월이 어느덧 십오년이 되었다. 수동(手動)으로 거는 턴테이블(Turn Table)에 황병기 선생의 가야금 연주 「비단길」을 틀어놓고 다기도 작은 것으로, 마음씀도 7세 이전으로, 물도 적게, 온도도 뜨겁지 않게 찻물도 몇 방울로 내 안팎의 뜨락을 적신다. 차 또한 혼자 마심이 비의(秘儀)라고 하지 않았던가!

    조용히 거실을 둘러 본다. 거실 곳곳에서 따뜻한 미소를 보내고 있는 나의 말없는 다우(茶友)들…

    수안스님의 「다미(茶味)」라는 글귀가 들어있는 수묵 담채화, 난과 서책과 찻잔이 어우러져 있는 일장스님의 그림, 다인(茶人)이고 동양 3국(한국 중국 일본)에 널리 알려져 있는 전각가 석불(石佛) 정기호 선생의 전각 「다로(茶爐)」, 솔방울과 바람에 소리내어 흔들리고 있는 소나무 판화 2폭 가리개, 소치 허유의 매화 수묵화, 반나절은 독서하고, 반나절은 정좌한다(半日讀書半日靜坐)는 심우용선생의 판화 전각.

청사 안광석선생의 「다도중정(茶道中正)」, 변성훈선생의 황토빛깔의 소박한 찻잔과 칡넝쿨로 손잡이를 만든 차주전자, 신현철선생의 이끼낀 듯한 빛깔의 물주전자, 차정신(茶精神)인 「화(和)」글자가 새겨진 아인 박종한 선생의 도자기, 성륜 스님의 「무(無)」자를 초서체로 흘려 쓴 분청접시, 「예(禮)」글자가 있는 민화. 조선시대 서예의 대가 중 한 사람인 원교 이광사의 글씨, 그리고 아리랑 차달력 등 모두 차와의 인연으로 만난 애정어린 다우(茶友)들이다. 그러나 이중에서도 가장 아끼는 다우는 시아버님께서 선물해 주신 석불(石佛) 정기호 선생의 「다로(茶爐)」라는 전각 작품이다. 이 다로(茶爐)는 석불(石佛)선생이 86세에 전각한 선생의 완숙한 기운이 들어있는 귀한 작품이다. 이 전각 작품의 다로(茶爐)로 우리집의 거실은 나의 다실(茶室)이 된다.

오늘날에는 가스불로 물을 끓이거나 또는 보온병을 쓰고 있으나, 우리의 선조들은 화로(火爐) 위의 차솥에서 물끓는 소리(松風檜雨)를 즐기며, 한 잔의 차를 마셨다. 이와 같이 불을 피우는 화로는 다실내의 기본되는 위치에 놓여지기 때문에 다실을 말할 때 추사 김정희는 「죽로지실((竹爐之室)」 「다로경권(茶爐經卷)」 또는 「일로향다실(一爐香茶室)」 이라고 말하고 있다.

1997년 3월 예지 제14호

시인 천상병 추모 예술의 밤
호암 아트홀(1993. 4. 26)

천상병 시인 부인 목순옥 여사 / 정옥희
천상병의 시 「귀천」 낭송

귀천(歸天)
천상병(千祥炳, 1930~1993)

나 하늘로 돌아가리라.
새벽빛 와 닿으면 스러지는
이슬 더불어 손에 손을 잡고,

나 하늘로 돌아가리라.
노을빛 함께 단둘이서
기슭에서 놀다가 구름 손짓하면은,

나 하늘로 돌아가리라
아름다운 이 세상 소풍 끝내는 날,
가서, 아름다웠더라고 말하리라……

다시(茶詩)를 낭송 / 다산 정약용의 「다산화사」

김숙희 이인숙 성봉룡 강재현 함금자 회원 / 제27기 다도반 2급 과정 수료

한라건설 직장예절

향원 꽃 리서치 연합회 겨울 수료식 예절교육

1998년

동국대학교 대학원 석사과정 졸업
1998. 8. 28 학위수여식

예지원 강영숙 원장

큰딸 홍민정 남편 홍종구 화백

왼쪽 뒷줄부터

김규년 중학교 제자

김시삼, 김원자, 김복희, 나, 박희준, 강영숙 원장, 김은자 총무부장,

이정조 회장, 강경순, 이춘옥, 조옥선, 김미재 선생, 강영애, 이정희, 조성은

김영애(부산여고 동기), 신지은, 이인숙, 이경미, 박영애, 홍민정(딸),

홍종구(남편), 윤정연 _ 예지원 다도반 회원들

모두가 보고 싶고 그리운 사람들

1999년

교원 예절 연수교육

서울시 위탁교육으로 전국의 초등교사 참석

2000년

규수반 수료식

사단법인 예지원 제122기 규수반 수료기념 2000.1.10

2001년

아름답고 귀한 모습
아이들에게 꼭 가르치고 싶은 세배예절

올바르게 절하는 법

어릴 때부터 예법을 몸에 익혀주면 바른 몸가짐을 가질 수 있다.

절하기 전에 손모양을 바르게 해서 어른에 대한 공경의 뜻을 표하는 예로 공수를 한다.

여자 어린이와 남자 어린이의 손모양이 다르다.

여자 어린이는 오른손이 위로, 남자 어린이는 왼손이 위로 오게 하는데 엄지 손가락을 반대편 엄지 손가락 쪽으로 엇갈려 잡고 손끝을 가지런히 모은다.

인사말은 어른의 덕담이 끝난 후에 한다.

2001년 「Best baby」 1월호 잡지

2002년

다도 사범증 수여식 및 발표회

예지원 제2회 다도 사범등 수여식 및 발표회

2003년

다도 사범증 수여식 및 발표회

제3회 다도 사범증 지도교수 인사말

천태종 관문사

2002년 5월 14일 「한평생 의상 발표회」
신랑모습(사모. 단령. 차면) - 정옥희

신부-활옷 신랑-단령 신부-원삼

한일문화교류협회
국민문화사절단

고야산 금강봉사 / 국민문화사절단 일동

고야산 팔관회의 진다의식 발표

고야산 금강봉사 금당

박희준, 정옥희, 김이연, 선혜스님, 고세연, 오명희
2003년 3월 17일 정산 한웅빈 선생 기일에 불교전통문화원

끝없었던 차 사랑

정산 한웅빈(韓雄斌) 선생님 10주기를 맞이하여
정옥희 · (사)예지원 수석 지도위원/시낭송가

세월이 화살과 같다고 했습니다. 선생님 가신 지 벌써 십년이 되었습니다. 올해는 바쁜 생활로 만나지 못했던 차문화고전연구회(茶文化古典研究會) 회원들과의 만남도 함께하기 위해 처음 공부를 시작했던 불교전통문화원에서 선생님 10주기를 하기로 하였습니다. 선혜스님의 배려로 풍성하게 제수도 준비하고, 생전에 선생님께서 좋아하셨던 조팝꽃도 놓았습니다. 조팝꽃만 보면 고향집의 쌀밥이 생각난다고 하신 선생님, 이제 저희들은 그 조팝꽃을 보면 선비같으셨던 선생님 생각이 납니다.

차 한잔과 함께 잔잔히 웃으시며 끝없이 차이야기를 하셨던 선생님! 서로 공경하여 화합할 줄 알며, 마음을 안정되고 고요하게 하며, 심신을 맑고

깨끗하게 그리고 겸허하게 참되게, 질박하고 순수하게, 화(和)·경(敬)·정(靜)·허(虛)·담(淡)·박(朴)을 차 한 잔에 담아 차를 공부하는 저희들에게 선생님의 사랑을 아끼지 않고 흠뻑 주셨습니다.

나이와 시간을 잊으시고 저희들을 독려하시던 모습과 월곡동의 작은 다실 정산다실(晶汕茶室)에서 무릎을 맞대고 공부하던 일이 아직도 어제 일처럼 생생합니다.

이번 10주기에는 선생님을 뵙는 듯하여 1989년 7월 10일 육우의『다경』종강일에 주셨던 글과 일일이 손수 손으로 깎아 주셨던 차시통과 놋쇠 주전자를 가져다 놓았습니다.

차시통에 손수 새겨주신 '담박지취(淡泊志趣)'란 글귀는 선생님의 욕심 없고 조촐한 차생활을 제자들에게도 일러주신 것 같아 항상 제 자신을 되돌아보게 합니다. 차가 목적이 아니라 수단이 되어버린 요즈음 차계(茶界)를 선생님께서 보신다면 많은 질책의 말씀을 하실 것 같아 안타깝습니다. 선생님께서는 차라고 하는 한 잔의 음료는 차(茶)의 마음, 사람의 마음, 화(和)의 마음이라고 하는 세 가지의 마음이 담긴 것이지 단순한 찻잎의 물이 아니라고 하였습니다.

선생님께서는 항상 차를 통하여 "사람이 살아 나아갈 길, 인간으로서 걸어가야 할 길을 깨달아야 한다"고 하였습니다. 그리고, 차인(茶人)의 좌우명을 말씀하시길 "향락적(享樂的)이고 현란한 호화로운 미(美)를 부정하고, 겨울철 고엽(枯葉)을 바라보듯 고담정적(古談靜寂)한 미(美)를 사랑하여, 외형은 빛나지 않아도 내실(內實)이 풍부한 미를 동경한다"고 하였습니다.

　올바른 방법으로 차를 공부해야 올바른 차인이 되는 것이며, 공부하는 방법을 아는 사람이 선생이라고 하였습니다. 그래서 스승을 존경합니다. 그의 인격을 닮으려 하고 살아가는 자세까지도 닮으려 합니다.

　차를 공부하면서 진실로 사람이 되는 길을 잊고, 차를 하는 행위만을 좇는다면 길을 잘못 들어선 것이라 하겠습니다. '참 차인이란 어떤 사람인가'하고 생각하게 됩니다. 참으로 선생도 많고 사범도 많습니다. 저희가 마시는 차가 기호음료로 마시는 차가 아니라, 우리 정신의 원력을 회복시키는 차가 되었으면 합니다.

　선생님의 담박한 차 한 잔이 그립습니다.

2003년 茶人 5,6월호
정산 한웅빈 선생 기일에

2004년

詩가 태어나는 자리

황동규 시인과 기념 사진
세종문화회관 컨벤션센터(2004. 4. 2)

즐거운 편지
황동규(1938~)

내 그대를 생각함은
항상 그대가 앉아 있는 배경에서
해가 지고 바람이 부는 일처럼 사소한 일일 것이나,
언젠가 그대가
한없이 괴로움 속을 헤메일 때에,
오랫동안 전해오던 그 사소함으로
그대를 불러 보리라.

진실로
진실로 내가
그대를 사랑하는 까닭은,
내 나의 사랑을
한없이 잇닿은 그 기다림으로 바꾸어 버린데 있었다.
밤이 들면서 골짜기엔 눈이 퍼붓기 시작했다.
내사랑도,
어디쯤에선 반드시 그칠 것을 믿는다.
다만, 그때 내 기다림의 자세를 생각하는 것 뿐이다.
그 동안에
눈이 그치고, 꽃이 피어나고, 낙엽이 떨어지고
또, 눈이 퍼붓고 할 것을 믿는다.

대한뉴스 창립 10주년 기념 「들차회」 - 2004. 10. 29(금)
광진구 육영재단 어린이 회관 뜰

일 모(日暮)
두보(杜甫 : 712~770)

소와 염소 내려오는 저녁
집집마다 사립문 닫혔네.

바람과 달 스스로 맑은 밤
강산은 고향이 아니네.

샘물은 암벽 위로 흐르고
풀이슬은 가을 나무 적시네.

등불아래 머리 더 희어지니
꽃다운 시절 다시 오리요.

두보가 56세(A.D 767년) 때 지은 시
고향 생각과 자신의 늙어감을 읊음

2006년

이 달에 만난 다인

20년 넘게 한집에 살면서 20년 넘는 차생활을 오롯이 담은 다실을 찾았다. 오래 사용해 찻물 밴 다관처럼 익숙하고 편하고 따뜻한 분위기가 다양한 필체의 '茶'자가 담긴 작품과 어우러져 은은한 차향기를 풍긴다. 이 다실의 주인은 한 잔 차에 마음을 담고, 시를 풀고, 정을 채우는 정옥희 선생이다.

차는 지식이 아닌 마음공부

20년 넘게 다도 강의를 해온 그는 수업을 통해 지식이 아닌 마음을 주고받고자 노력한다. 차공부라면 차의 역사와 문화 등에 걸쳐 중요한 것은 '마음'임을 강조한다. 그는 강의에 임할 때면 시로써 먼저 자신의 마음을 연다. 다인이면서 시 낭송가이기도 한 그가 들려주는 시의 여운은 서로의 마음을 열어주는 매개가 된다. 모든 강의에 마음을 다하기에 그의 강의를 들은 수강자들 중 많은 이들이 감사 편지를 보내오는데, 차곡차곡 모아놓은 편지가 파일 가득 빼곡하다.

정선생은 가르치는 마음을 알 듯 배우는 자세도 안다. 차와 연을 맺은 뒤로 많은 책을 읽고 다방면으로 배움을 넓혀왔다. 끊임없는 지적 탐구는 많은 인연을 맺게 해주었다. 차로의 길을 열어준 예지원 강영숙 원장을 비롯해, 반야로차도문화원 채원화 원장, 한국문화재보호협회에서 만난 용운 스님, 차문화고전연구회에서 10년간 『다경』을 공부하며 돈독함을 나 눈 선혜 스님과 故 한웅빈 선생을 잊을 수 없는 차 스승들이다. 특히 한웅빈 선생이 평소 들려주었던 차의 의미는 스스로를 되돌아보게 한다. "차 라고 하는 한 잔의 음료는 차의 마음, 사람의 마음, 화(和)의 마음이라고 하는 세 가지의 마음이 담긴 것이지 단순한 찻잎의 물이 아니다. 차를 통해 사람이 살아가는 길, 인간으로서 걸어가야 할 길을 깨달아야 한다."고 했다.

인연 닿은 다우(茶友)들로 가득한 다실

정 선생의 다실엔 오래된 물건이 많다. 다시(茶詩)가 담긴 달력도 10년 넘게 걸려 있고, 다반, 찻잔, 다관도 10년 이상 묵어 찻물 밴 것들이 많다. "茶"자만 봐도 좋다는 그의 다실엔 '茶'자를 담은 작품들도 많다.

그 중 눈에 띄는 것은 한쪽 벽에 걸린 '다로(茶爐)'라는 전각작품. 우연히 자선바자회에 간 시아버님께서 '茶'자를 보고 차공부에 열중인 며느리를 생각하며 산 것으로 석불 정기호선생의 작품이라고 한다. 차공부 초기에 남편이 선물한 김해요 분청다기와 한웅빈 선생이 손수 만들어 준 차시통 등 그의 다우(茶友)들은 저마다 소중한 사연이 담겨 있다. 선물받은 잔받침, 다포 하나도 모두 소중히 간직하고 있다는 그는 차를 만나 소박함을 배웠다고 한다.

정옥희 선생은 오는 3월 한국예절교육원을 개원해 예절을 가르칠 계획이다. 그간 쉼 없는 열정적인 활동으로 지친 몸을 추스르며 20여 년의 차 생활을 되돌아보았다. 이미 사람에게로 열린 마음은 그에게 그간 배우고 깨달아 온 많은 것을 나누라고 말하고 있었다. 올 봄 그는 또다시 한 잔 차에 마음을 담고, 시를 풀고, 정을 채우기 위해 열과 성을 다할 것이다.

글|추순영. 사진|임종관 / 월간다도(茶道) 2월호

ⓒ 박홍관

친구의 개원 축하

옥희야

먼저 예절교육원 개원을 축하한다.
가까이서 듬뿍 축하해주고 거들어주고
해야 하는데 그러지 못해서 미안하구나.
20여 년 동안 정성으로 다듬어주고
사랑으로 키운 너의 가르침이 또 다른 모습으로
사람들 마음에 심어지고 너 또한
많은 사람들에게 사랑받고 있음을 정말
기쁘게 생각한다.
오로지 한길로 키워나가는 너의 모습이 무척
아름답다는 생각이 들고 가까이서 너의
공간과 향기를 공유하지 못함이 안타깝구나
너랑이라면 나도 많이 향기로워 질 수 있을 것
같은데... 말이다.
건강한 모습으로 더 아름다운 모습으로 항상
그 자리에 서 있길 바라며 앞으로 무궁한
발전을 함께 빈다.

2007. 4. 5 명희

2부

한국예절교육원

2007년

정옥희 원장의 개원 축사 / 2007년 3월 8일

한국예절교육원 개원

강영숙 원장, 박권흠 회장, 류건집 교수, 정옥희 원장, 설옥자 원장

정옥희 원장, 류건집 교수, 강영숙 원장, 설옥자 원장
설옥자 선생은 성북구 예지원에서 다도부장을 했다.

박희준 선생, 이일헌 수필가, 정영선 선생, 설옥자 선생

차가 있는 삶 / 정옥희 한국예절교육원 원장

**다례(茶禮)를 통해
우리나라 전통 예절문화 세계에 알릴 터
"찻물이 고루 배인 이쁜 다완을 만들어 보겠습니다"**

좋은 찻잎을 좋은 물에 우려내는 것보다 더 중요한 것은 좋은 사람과 기분 좋게 마시는 것이다. 차를 마시는 사람은 안다. 차의 향과 맛, 차를 마신 후 나타나는 몸의 변화 그러나 차는 마시는 그 자체보다 손님을 맞는 법, 차를 나누는 법 등 다양한 예절이 포함된 문화다. 스무해가 넘는 오랜 세월동안 순수한 다인(茶人) 정신을 차곡차곡 쌓아온 정옥희(전 예지원 수석전임지도위원)원장. 지난 3월 인사동에서 한국예절교육원을 개원해 젊은 세대 뿐만 아니라 국경 넘어 외국인들에게 한국의 전통문화를 알리고 보급하기 위해 발걸음이 바빠졌다. 이날 강영숙 예지원 원장은 "정옥희 원장과는 20여년 동안 동고동락하던 사이"라며 "청출어람(靑出於藍)이라는 말처럼 한국예절교육원이 보다 큰 결실을 맺을 것으로 기대한다"고 축사의 말씀을 전했고 불교전통문화원장 석 선혜스님, 한국차인연합회 박권흠 회장, 원광대 류건집 석좌교수, 가예원 설옥자 원장도 축사를 했다. 그동안 인연 맺은 다인들과 주변 지인들이 축하 격려의 말과 가야금, 해금

연주 그리고 축시 낭송 등 따뜻한 응원의 박수가 울려 퍼졌다.

차를 만들어 마시는 예법을 익히다 보면 자연스럽게 일상생활에서 예절을 지키고 나아가 현대인의 직장 문화, 신랑신부 예절, 우리 옷입기 등을 익힐 수 있다고 한다. 차향기가 은은히 퍼지는 현장에서 왜 예절이 중요한지 들어보았다.

한국예절교육원, 차문화로 현대인의 바쁜 마음 가라앉혀

한국예절교육원은 지식보다는 사람됨을 배우는 곳이다. 사람을 구별한다는 것은 사람의 겉모양이 아니라 사람에게서 보여지는 예절 때문이다. 정옥희원장은 차를 달이는 동작에서 응대에 이르기까지 마시는 멋과 더불어 윗사람 공경하는 예절이며 이웃과 화목을 근본으로 삼는 정신이 가장 중요하다고 말한다. "어느 행사장 또는 어떤 모임에서 '인사하는 법, 우리 옷 입는 법 등을 보면 잘못 된 점이 많았어요. 사회적으로 저명하고 남부러울 것 없는 모든 조건을 다 갖춘 분이 절을 하는데 이미 죽은 사람에게 해야 하는 예법으로 절하는 것을 보고 깜짝 놀랐어요. 그것은 아무 의미 없는 절입니다." 덧붙여 "때로는 외국사람이 한국에 와서 우리나라 문화를 체험하고 배워서 우리가 오히려 외국인들에게 놀라는 모습도 많이 보았습니다"라고 전통예절 문화보급의 중요성을 역설했다.

찻물이 고루 배인 이쁜 다완을 만들어 보겠습니다.

그동안 돌이켜 보면 아쉬움과 부족함도 많지만 그동안의 경험을 쌓은 것에 대해 고맙고 감사히 생각한다. 지난 시간이 다시 돌아온다면 그래도 다인의 자리에 있을 것이다. 시아버님과 남편 등 가족들의 적극적인 배려는 때로는 게으름이 생길 때 또는 나 하나로 인해 다도하는 많은 사람들에게 누가 되지는 않을까 하는 염려가 있을 때 큰 힘이 되어 주었다. 한국예절교육원을 개원하면서 개인이 아닌 어느 단체의 소속이 되면 내가 아닌 모두의 대표가 된다는 것 때문에 생각하고 또 생각했다. 더도 덜도 아닌 우리 문화가 왜곡되지 않고 순수한 모습으로 모든 사람들에게 알려졌으면 좋겠다. 우리 것을 배우고 순수함을 익히면서도 어느덧 행동이 넘쳐 주변 사람들에게 눈살을 찌푸리게 하는 다인들도 간혹 보게 된다. 그것은 순수한 문화가 사치스런 정신적 문화로 흐르는 점 때문일 것이다. "제가 하는 일이 다 옳지만은 않지요. 저도 사람이니까요. 그렇지만 몰라서 못하는 것과 알면서 못하는 것은 다른 것입니다. 저도 앞으로 더욱 열심히 공부해 가면서 가지고 있는 것을 대물림할 것입니다. 찻물이 고루 배인 이쁜 다완을 만들어 보겠습니다"라는 말 속에 수 십 년간 차문화를 공들여 세워온 숨결을 느낄 수 있다.

박혜숙 기자, 사진 박정근 기자
2007년 대한뉴스 4월호

제1기 수료식 / 2007. 12. 20

문화유산국민신탁 김종규 이사장 축사

수료증 수여 / 제1기 반장 함연호

제1기 예절강사 과정 수료생

박홍관, 박희준, 정옥희 원장, 선혜스님, 류건집 교수, 안팽주, 김경우
제1기 수료생과 축하 손님들

2008년

다산 정약용
1762-1836

산골물 차가운 소리
대밭에 감싸이고
봄기미는 뜨락의
매화나무 외가지에 감도네.
아름다운 가락이 이 속에 있으련만
달랠 곳 없어
여러번 일어나 어정거리다 마네.

산의 정자엔 도시 쌓아 둔 책은 없고
오직 이 꽃길과 물길뿐이라네
새 비가 내린 굴숨은
자못 아름다워라
바위 샘물을 손수 떠서 차병을 씻네.

약 절구질 잦아지니
번거로운 곰팡이는 없건만
드물게 달이는 차 풍로엔 먼지만 있네

김명배교수 『다도학』 책에서

다산 생가 여유당(與猶堂)

2008년
제5회 다산추모봉헌 다례제
헌다 정옥희

다례제 / 잎차 우리기 경연 초등부 심사

제2기 예절강사과정 「차와 예절」 / 여연스님

유학생 여름특강

정옥희 선생님

선생님을 뵙게 된 2008년 여름 전까지, 4년이란 시간을 고국의 봄, 여름, 가을 그리고 겨울의 정취를 그리며 미국에서 공부하던 그간, 세계속의 한국인이자 음악가로서 어떤 모습으로 살아야 할지 무수한 그림을 그려왔던 제 모습이 문득 떠오릅니다. 선생님의 가르침은 한 달이란 짧은 시간이었지만, 저에게는 앞으로 세상을 살아가는 데 있어 얼마나 큰 뿌리가 될 정성과 사랑의 가르침이었는지 모릅니다.

어린 찻잎의 향을 우려내듯이 하나하나 저를 돌보시던 선생님께 깊이 감사드립니다.

재주가 덕을 넘으면 안된다는 말씀을 손에 새겨 악기를 잡을 것이며, 화(和)라는 글자를 호흡에 새겨 소리낼 것이며, 예를 벗삼아사 음악이란 그릇에 혼을 담아 우리 민족의 아름다운 정서를 멀리 퍼뜨리고 싶습 니다.

지금 이 시간은 다시 돌아올 수 없는 아쉬운 시간이나, 연꽃 향기같

은 선생님의 은은하신 모습은 언제나 눈을 감아도 눈앞에 선할 것 같습니다.

선생님과의 만남으로 인해 풍류와 멋을 피속에 지닌 한국인으로서의 제 스스로가 자랑스럽게 느껴집니다. 이제 곧 미국으로 돌아가, 세계 속에 나아가 우리 민족의 단아하고 순결한 정신을 소리높여 외치고 오겠습니다. 사람이 어떻게 아름다울 수 있는지 몸소 보여주신 선생님을 선 생님이라 감히 부를 수 없습니다.

스승님,

스승님의 깊은 가르침과 사랑에 가슴 깊이 감사드립니다.

2008. 8. 23 박예든 드림

선비와 도령

도령과 춘향 / 경영대학

곽성현 교수와 한국인의 한평생 출연진

강의를 끝내고 다 함께 단체사진 / 기초교육원

2부 _ 한국예절교육원 · 157

2009년

한양대병원 간호사 다도 교육 2009. 7.1–31

2010년

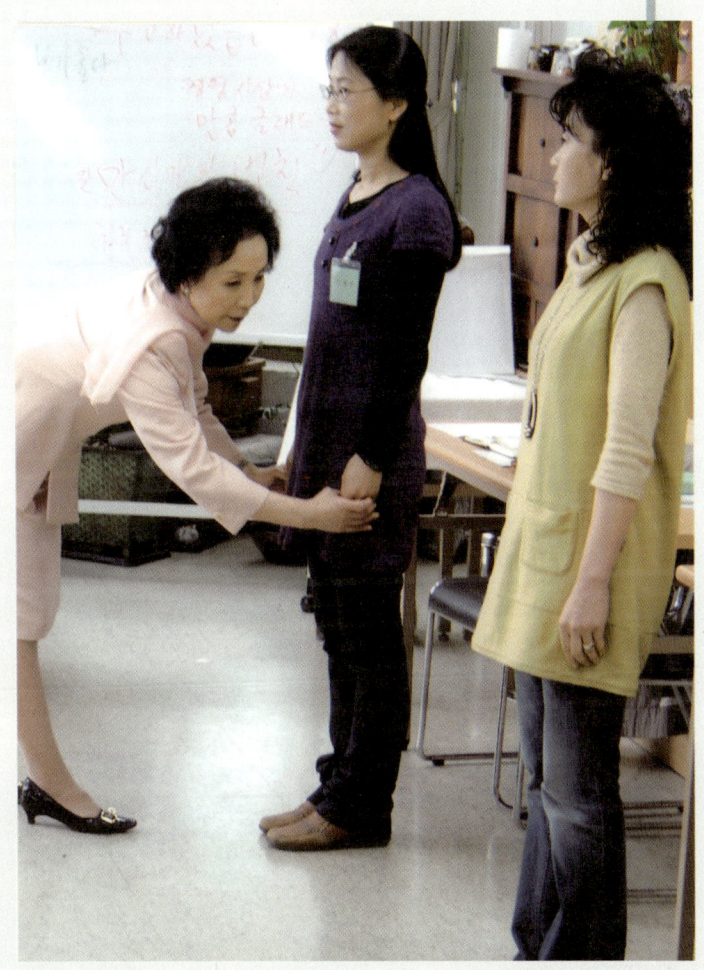

제4기 예절강사과정 「인사예절」 실습

토지공사 다도반 다도교육

보성 차박물관 개관식

선혜스님, 정옥희, 정영선 선생

박희준, 신운학, 고세연, 김이연, 정옥희

정옥희 선생 다실

- 때 : 2010년 6월
- 곳 : 서울 자택 거실
- 기물 : 청자 다완

    정옥희 선생은 20년 간 예지원 수석 강사였다. 퇴임 후 현재까지 한국 예절문화 교육에 전념하고 있다. 이 사진은 9년 전 선생님 자택에서 차를 대접받을 때의 장면이다.

    시 낭송가이기도 한 정옥희 선생의 집에서 차를 마실 일이 있었다. 차를 내는 방식은 언제나 동일한데, 각 상에 말차를 준비해 준다. 다양한 청자다완을 준비해 놓고 계절에 어울리는 연출과 다식을 낸다. 간단하게 마시는 것 같이 보이지만 그 자리는 늘 고요하고 정갈한 예절이 있다.

    그 분의 말씀 하나하나 예(禮)라고 느껴지기도 한다.

    그 곁의 제자나 지인들의 보는 입장에서는 같은 여자지만 닮고 싶은 사람이라고 한다. 존경과 의지하고 싶은 인물, 닮고 싶은 사람이라는 말은 큰 의미를 가진다. 그의 찻자리도 늘 그렇다. 덕분에 들어가기 전, 옷매무새를 다시금 돌아보게 만든다.

출처 : 차, 공간에 담기다 226페이지

ⓒ 박홍관

2011년

음악이 흐르는 시 이야기

의정부 예술의 전당 소극장
정호승의 시 「수선화에게」낭송

수선화에게

정 호 승(1950~)

울지 마라
외로우니까 사람이다.
살아간다는 것은 외로움을 견디는 일이다.
공연히 오지 않는 전화를 기다리지 마라
눈이 오면 눈길을 걸어가고
비가 오면 빗길을 걸어가라
갈대숲에서 가슴 검은 도요새도
너를 보고 있다.
가끔은
하느님도 외로워서 눈물을 흘리신다.
새들이 나뭇가지에 앉아 있는 것도
외로움 때문이고
네가 물가에 앉아 있는 것도
외로움 때문이다.
산 그림자도 외로워서
하루에 한 번씩 마을로 내려온다.
종소리도 외로워서 울려 퍼진다.

아인 박종한 선생(1925. 3. 15 ~ 2012. 5. 7) 87세
하천다숙에서 2011년 8월 20일~21일

정옥희, 박종한 선생, 강옥희, 김주영

야외학습
제5기 예절강사 과정 / 언어예절 교육 / 길상사

제5기 예절강사과정 언어예교육 / 길상사

강남 봉은사 다도반 예절교육

2012년

당선소감
서울문학 신인상

詩가 환한 목소리로 내 마음 속으로 들어오다

정옥희

8월 마지막 날 신인상 당선 통지서를 받았다. 올 1월 어머님이 돌아가셨다. 詩가 없는 세상은 어머니가 없는 세상과 같다고 했는데, 어머님이 詩와 함께 다시 오셨다. 그리고 난 이 가을에 詩人으로 다시 태어났다. 먹먹했던 가슴, 이제야 진정되며 기쁘면서도 부끄럽다.

아주 오래전 아폴리네르의 "詩는 단 한 줄로 된 현악기다." 라는 한 줄의 詩에 전율과 절망을 느끼며, 가슴 뒤켠으로 슬그머니 시를 놓아 버렸다. 교육자로 시낭송가로, 가르치며 詩들을 만나며 위로받고 행복했다.

이 가을! 환한 목소리로 내 마음 속으로 들어온 詩의 싹을 꽃으로 활짝 피우고 그 꽃을 이웃들에게 한 폭의 그림으로 나누어 주고 싶습니다.

어머님 고맙습니다! 그리고 부족함을 격려로 뽑아 주신 심사위원님께 큰 절로 인사드립니다.

사는 일이 詩가 되도록 노력하여 보답하겠습니다.

오늘 밤엔 탄생 100주년을 맞는 시인 백석을 만나 같이 눈길을 걷고 싶다. "가난한 내가 아름다운 나타샤를 사랑해서 오늘 밤은 푹푹 눈이 나린다."

2012. 서울문학 가을호

사모곡(思母曲)

정옥희(1952~)

제사 음식 배달 기사(記事)에
정성(精誠)이면 할 것을 하시던
어머님

금실지락(琴瑟之樂)의 아버님 가시고
혼자되신 큰 형님 댁으로 가셨다.

요양원 들락날락하며
어느 날
사진 속 아범을 보며

"이 중늙은이는 누고?"
아직도 어머님 가슴속 아들은 젊다.

바쁜 며느리
좋은 일 한다며
자주 찾아가 뵙지 못해도
섭섭한 말씀 않으셨던
어머님!
그 마음 오죽 하셨을까!

어느 겨울날
흰 마스크 한 어머님 모습
이제 이순(耳順)이 되어서야
아래 어금니 통증으로 저려온다.

오늘도
차 한잔 올리며
어머님 만난다.

작은 연가

박정만(1946~1988)

사랑이여, 보아라
꽃초롱 하나가 불을 밝힌다.
꽃초롱 하나로 천리 밖까지
너와 나의 사랑을 모두 밝히고
해질녘엔 저무는 강가에 와 닿는다.
저녁 어스름 내리는 서쪽으로
유수와 같이 흘러가는 별이 보인다.
우리도 별을 하나 얻어서
꽃초롱 불 밝히듯 눈을 밝힐까.
눈 밝히고 가다가다 밤이 와
우리가 마지막 어둠이 되면
바람도 풀도 땅에 눕고
사랑아, 그러면 저 초롱을 누가 끄리.
저녁 어스름 내리는 서쪽으로
우리가 하나의 어둠이 되어
또는 물 위에 뜬 별이 되어
꽃초롱 앞세우고 가야 한다면
꽃초롱 하나로 천리 밖까지.

문화유산국민신탁 회원의 날 / 시낭송

제4기 예절강사과정 수료기념
혜천 정지인 / 혜안 한정자

삶의 아름다움과 경이로움을 담는 그릇

차 한 잔과 시(詩)

글 | 정옥희 한국예절교육원 원장. 시낭송가

사람은 사람과의 관계 속에서 존재한다. 나는 누구인가? 이 화두(話頭)를 깨달으면 자신의 정체성(identity)은 파악되는 셈이다. 자신의 정체성을 깨닫는 일이야말로 인생의 최대의 즐거움이요, 안심이자 보람이다. 나의 정체성은 내가 만든 모든 사람. 내가 겪었던 모든 일들이 다 모여서 만들어진다. 관계가 단절된 배타적인 자기만의 정체성은 있을 수 없다. 개인의 정체성은 '관계(關係)'를 통해서 만들어진다.

그러므로 사람의 능력이란 것은 그 사람의 개체 속에 담겨 있지 않다. 다른 사람의 관계 속에서 사람이 말하는 자기(自己)다. 사람에게 가장 중요한 것은 마음 속에 있는 어떤 지혜로운 논리와 많은 정보가 아니라 사람과의 관계를 아름답게 만드는 일이다. 정체성을 깨닫지 못하면 항상 헤매는 인생이 될 수 밖에 없다. 행복도 관계에서 온다. 또 시적인 시간으로 삶의 '속도'를 제어하면 행복해 진다. 사람관계가 복잡해지고 스트레스로 허덕일 때 정서적 회복이 필요하다. 시(詩)를 가까이 한다는 것은 삶의 속도를 좀 제어하고 자기 나름대로 새롭게 만들어가는 데 굉장히 중요한 계기를 제공해 줄 수 있다. 시적인 시간은 '영원한 현재'다. 이곳(here) 지금(now) 오늘 현재(present)야말로 우리에게 주어진 가장 귀한 선물이다. 현재라고 하는 한 찰나가 찰나에 그치지 않고 그 안에 하나의 정체성을 가질 수 있는 믿음이 시에는 포함되어 있다. 시는 삶의 아름다움과 경이로움을 느낄 수 있게 하고 다르게 볼 수 있는 눈을 갖게 한다. 차를 마시는 일도 그러하다. 차 한 잔을 내기 위해 준비하는 차인의 마음이 바로 시다. 나를 돌아보고, 주변을 돌아보고, 색향미를 음미하는 아름다움 속에 그 어떤 경구보다 간절한 깨달음이 있다. 그러하기에 옛 사람들은 차 한 잔을 앞에 두고 절로 시 한 수를 지어냈던 것이다.

고려시대 차인 이규보는 차 마시고 흥(興)이 일면 거문고 타고 시를 지었다. 차는 생활 예절을 바르게 익히는 도(道)이다. 차를 마신다는 것은 인간 본래의 본능에 가까운 행위에 인륜의 도를 더한 예법이다. 같은 차를 마시더라도 한 손으로 마시면 다도가 아니다. 양손으로 찻잔을 잡고 주인의 마음을 마음으로 받았을 때 거기에 도가 성립하는 것이다. 손으로 옮겨서 입으로 넘어갈 때까지의 거리, 그 사이에 무엇을 느끼게 할 것인가를 만들어내는 것이기에 '도(道)'라고 일컬으며 그때 격(格)도 형성된다. 차를 마시기 전에 찻잔을 받고 인사를 하는 것, 이것은 많은 사람의 노동과 마음의 수고로움으로 완성된 차에 감사하는 것으로 아무래도 형식만으로 받아서는 안 되는 것이다. 이처럼 물건에 감사하고 사람에게 감사하는 태도를 몸에 익히면 어떤 경우에도 무난하게 표현할 수 있을 것이다. 도구를 공경하는 마음으로 보는 것도 그 물건에 대한 사물의 깊은 맛을 배우는 것으로 이를 통해 점점 다양한 사물의 은근한 정취를 채득 할 수 있기 때문이다.

　다도의 예법 하나하나에는 물건에 대한 소중함을 가르쳐 함부로 다루지 않고 감사의 마음을 표현하는 가장 합리적이면서 세련된 방법이 집약된 것이다. 차를 달이는 일련의 동작이 가진 간결한 아름다움, 그 이상 손길을 가할 필요가 없는 완성된 동작에 감탄을 한다. '차를 하는 마음'이라는 폭 넓고 속 깊은 정신을 자기 스스로 체득하는 것이 도이다. 그래서 다도가 종합문화라고 하는 것을 배우고, 실기인 행다 수련을 통해 큰 역할을 할 수 있게 된다.

모처럼

지는 꽃 손에 받아

사방을 두루 둘러본다.

지척엔

아무리봐도

놓아줄 손이 없어

그문전

닿기도 전에

이꽃잎 다 시들겠다.

— 초정 김상옥의 「그 문전(門前)」

우리 인간의 삶에 아름다움이 없다면 얼마나 삭막하고 건조할 것인가! 우리가 좀 더 인간적인 영역을 가꾸고 일깨우려면 아름다움에 대한 감수성과 통찰력이 있어야한다. 아름다운 것을 자주 접하면 얼굴도 마음도 그 아름다움을 닮아간다. 차가 우리 인생을 문화적으로 만들어주는 것이 아니고, 인간이 차를 통하여 '문화'를 이루는 것이다.

2012년 5. 6월호 茶人誌

사랑굿
김초혜(1943~)

1. 그대는
   달빛으로 번지는 하늘이어라.
기왓장에 어리는 세월의 빛이어라.
꿈도 휘저어 보고 빛도 휘저어 보는
하늘을 떠도는 새 그대는 운다.
몸은 하늘에 두고 그림자는 땅에 두어
그 망연함 만난다 해도
변하면 변하는 것이 아닌
서로 지쳐 길어 올리는 새벽이 되자

2. 봄이 올 때는
봄의 마음으로 되돌아가게 하고
겨울이 오면
겨울로 데려다 놓는 그대.
땅을 벗어나 살 수 없듯
그대 눈에 하늘을 두르고 있는 한
하늘을 두르고 있는 한
해가지지 않아도 해가 뜨지 않아도
그대는 나의 고요한 중심.

3. 한 때는
봄으로 머문 그대였는데
오늘은 가을빛으로 내게 와
가을빛으로 내게 와
쓸쓸함만 더해 주는 그대
고통은 아무 때나 나를 깨워
그대 하늘 끝
울며 건너는 새가 되라 하는데
그대는 바르고 나는 틀려있어
기울어진 하늘 이 세상 끝낼 그대에
단 한 번 그대 이름 부르리.

4. 그대는 눈에 머무는
푸른 하늘 꿈으로도 오고
꽃 위에
빛을 더해 환희로도 온다
목숨이 바뀔 듯 무섭던 미움도
어느새 가라앉아 맑게 흐르고
아무에게도 보일 수 없는
무른 목숨 웃음으로 바뀌고
돌아 앉아 울음이 되고

5. 더러는 지나치고
못 미치기도 하나
천성이 그런 것은 아니었음에
심지 속에 그대 지니고
새로이 머물고 싶어라.

2013년 제1회 문화유산국민신탁 회원의 날 시낭송

2013년

ⓒ 박홍관

정옥희(1952년생 한국예절교육원 원장)

    차인이며, 시낭송가이고 시인인 정옥희 원장은 1983년 우리나라 최고의 예절교육기관인 예지원(禮智院)에서 차를 시작하였다. 1986년 다도반 지도위원으로 임명받았고, 20여 년간 다도와 예절을 지도한 공로로 공로패를 받았다. 2007년 한국예절교육원(韓國禮節敎育院)을 개원하여, '차인으로서의 교양과 품격을 갖추는 것'에 중점적으로 교육하고 있다. 강의에 앞서 시를 낭송하여 마음의 문을 열고, 예절과 차에 대한 공부를 한다. 서울대학교 경영대학 및 기초교육원에서 「21세기와 한국 예법」 강의를 하고, 예절과 차생활을 연계한 강의로 높은 평가를 받고 있다. 저자는 2007년 교육원 개원을 알리는 글에서, '좋은 사람의 기준은 겉모습이 아니라, 그 사람에게서 보이는 예의와 도덕성일 것입니다. 한국예절교육원에서는 지식과 함께 사람됨을 배웁니다'는 글로 이 시대 차인들에게 있어 대표적인 교육기관임을 밝히고자 했다.

2013년 〈한국현대차인〉 정옥희 편, 박홍관

문화유산사랑 향연

문화유산국민신탁 회원의 날 / 덕수궁 함녕전 시낭송(2015. 10. 26)

문화재 청장 표창장

(재)명원문화재단 김의정 이사장 감사패(2015. 2. 5)

이홍구 전국무총리 / 정옥희 / 정재숙 문화재청장(2019. 4. 13)

천상병 시인 30주기

시인 천상병의 「다음」 시 낭송
의정부 정보도서관 / 2023. 11. 12

"예술은 길고 인생은 짧다"는 우리의 소풍인생
단순하면서도 가난하되 절제된 아름다움을 지닌 삶을 고민하게 합니다.
어떤 존재로 어떻게 살고 싶은가!

다음
천상병(千祥炳, 1930~1993)

멀잖아 북악에서 바람이 불고
눈을 날리며, 겨울이 온다.

그날, 눈 오는 날에
하얗게 덮인 서울의 거리를
나는 봄이 그리워서 걸어가고 있을 것이다.

아무것도 없어도
나에게는 언제나
이러한 <다음>이 있었다.
이 새벽, 이 <다음>,
이 절대한 불가항력을
나는 내 것이라 생각한다.

이윽고, 내일
나의 느린 걸음은
불보다도 더 뜨거운 것으로 변하여
나의 희망은
노도보다도 바다의 전부보다도
더 무거운 무게를 이 세계에 줄 것이다.

그러므로, 이 <다음>은
눈 오는 날의 서울의 거리는
나의 세계의 바다로 가는 길이다.

부인 문순옥 여사의 애송 시

1980년 8월 작은 딸 백일 기념 _ 민속촌

3부

사랑으로 지켜준 나의 가족

차녀 홍지화의 그림 / (1991년 / 초5)

1987년 3월 / 차녀 홍지화의 초등학교 입학기념 가족사진

1989년 1월 남편 홍종구 작가

1986년 / 7살 유치원생 홍지화

1987년 / 8살 초등학생 홍지화

3부 _ 사랑으로 지켜준 나의 가족 · 191

1986. 잠원동 집 거실

큰 딸 홍민정 작은 딸 홍지화(서교동 예지원 예절실)

〈다담〉 2024. 12. 14 한 해를 보내며

홍종구 作
축제(festival) 162.2×112.1cm / acrylic on canvas 2024

저자 프로필

학력

1970. 부산여자고등학교 졸업

1974. 수도여자사범대학 국어국문학과 졸업

1998. 동국대학교 대학원 문학석사 졸업

2001. 동국대학교 대학원 윤리문화학과 박사과정 수료

자격증

중등학교 초급 정교사 국어 교원 자격증

1974. 2. 23

문교부장관

임명장

다도반 지도위원 1986. 10.1

전임지도위원 1994. 1. 10

교육부장 1997. 9. 1

수석전임지도위원

예지원 공로패(功勞牌) 정옥희

귀하는 1983년 본원에 입문 수석전임지도위원으로 20여년간 본원 교육 육성 발전을 위하여 근면 성실로써 맡은 바 직무를 충실히 수행하였기에 그 공을 높이 받들어 예지원 개원 30주년을 기해 이 패를 드립니다.

2004. 9. 16

사단법인 예지원 원장 강영숙

서울대학교 감사패(感謝牌) 한국예절 교육원 정옥희 원장

지난 10여년간 한국 예법 강의를 통해 서울대생들이 우리 문화를 이해하고, 예절을 겸비한 진정한 리더로서 성장할 수 있도록 가르쳐 주심을 감사드리오며, 학교와 학생들의 뜻을 모아 이 패를 드립니다.

2010. 5. 9

서울대학교 경영대학 학장 안태식

감사패

부산여고 재경 동창회

2011. 10. 20 / 회장 조수아

감사패

혜명 정옥희

위 사람은 본 칠석문화보존회에서 매년 주최하는 칠석문화제 때 명시를 낭송하여 격을 높여 주었기에 이 패를 드립니다.

2014. 8. 2

칠석문화보존회 석 선혜

특별공로상

한국예절교육원_정옥희

귀하께서는 우리 차에 대한 남다른 사랑과 열정으로 우리 차문화의 생활화와 대중화에 앞장서 오셨으며 특히 전통다례교육 확산 및 차문화 발전에 기여한 공이 크므로 이 상을 드립니다.

2015. 2. 25

(재) 명원문화재단 이사장

(사)한국다도 총연엽합회 총재 김의정

대한뉴스 신사임담상
제5회 忠·孝 우리의 얼 한복대회에서 신사임당상에 선정되어 이 상을 수여합니다.
2015. 7. 1
대한뉴스 회장 김원모

표창장
원장 정옥희 / 한국예절교육원
귀하는 문화유산국민신탁 회원으로서 국민신탁운동의 중요성을 홍보하고 회원 확보에 기여한 공이 크므로 이에 표창합니다.
2019. 4. 13
문화재청장 정재숙

예지원 공로패
1987년 9월 16일
예지원 창립 13주년을 맞아 그 공을 기리기 위하여 이에 공로패를 드림
예지원 감사장 : 1999년 9월 16일 창립 25주년을 맞이하여

상 장
[한국일보 / 재능교육]
'92 전국 어머니 시낭송
최우수상–서울대회
1992. 3. 27

금상–본선대회
1993. 1. 28

시낭송가 증서
1993. 1. 28
심사위원장 김광림

우리 삶이 곧 문화 유산이다.

에필로그

사진으로 살펴본 한국 예절문화의 발자취

이 책은 단순한 기록을 넘어 저에게 주어진 시간과 인연에 대한 깊은 감사의 마음을 담고 있다. 빛바랜 사진 한 장 한 장은 당시의 정신과 열정을 고스란히 전해 주었고, 그간의 여정을 돌아보며 '예절'이라는 가치가 시대를 이어가는 힘이 됨을 다시금 깨닫게 했다.

이 책의 기획은 차문화기록가 박홍관선생의 권유로 시작되었지만, 사진자료를 찾고 정리하는 과정에서 기록의 소중함을 새삼 느꼈다. "사진도 원고다"라는 말씀으로 사진의 가치를 일깨워 주신 박홍관선생님께 깊은 감사를 드린다.

'행다법' 발표가 지난 일이 되었지만, 그때 최선을 다했던 이들의 노력은 여전히 빛나고 있다. 예지원 회지와 각종 매체의 인터뷰 기사, 기고문은 소중한 자료로 이 책의 토대가 되었다. 당시의 기록들이 오늘날까지 전해진다는 것 자체가 문화의 연속성을 증명한다.

이 책이 한국의 차(茶)와 예절문화를 사랑하는 이들에게 작은 길잡이가 되길 바란다. 비록 부족함이 많지만, 오롯이 진심을 담아 세상에 내놓는다.

표지 _ 당초문양청자다완 : 송월 김종호 作

전통문화와의 40년 동행
행복한 차 아름다운 예절

초판 1쇄 인쇄 | 2025년 07월 09일
초판 1쇄 발행 | 2025년 07월 25일

글 | **정옥희**
발행인 | 박홍관
발행처 | 티웰
교 정 | 박예슬
디자인 | 엔터디자인 홍원준

등록 | 2006년 11월 24일 제22-3016호
주소 | 서울시 종로구 삼일대로 30길리, 507호(종로오피스텔)

전화 | 02.720.2477
메일 | teawell@gmail.com
ISBN   978-89-97053-40-7 03590

정가 _ 30,000원

신저작권법에 따라 국내에서 보호받는 저작물이므로 무단전재와 복제를 금지하며
이 책의 전부 또는 일부를 이용하려면 반드시 저자와 티웰 출판사의 동의를 받아야 합니다.

- 저작권자와 맺은 협약에 따라 인지를 생략합니다.
- 책값은 책 뒤표지에 표시되어 있습니다.